LA
SUPPRESSION DES OCTROIS

RAPPORT

A LA CHAMBRE DES DÉPUTÉS

PAR

Yves GUYOT

PARIS

CHALLAMEL ET Cie, ÉDITEURS

LIBRAIRIE COLONIALE

5, RUE JACOB, ET RUE FURSTEMBERG, 2

DÉPOT : AUX BUREAUX DES *ANNALES ÉCONOMIQUES*

97, RUE DENFERT-ROCHEREAU

A la LIGUE pour la défense des intérêts des Contribuables et des Consommateurs

10, RUE DE LANCRY

1889

ERRATUM

Page 23. — Ligne 16, au lieu de *1854* lire *1884*.

— 34. — Ligne 18, au lieu de *espèce* lire *assiette*.

— 52. — Ligne 20, au lieu de *cantons* lire *comtés*.

— 52. — Ligne 25, ajouter *dollars*.

— 52. — Ligne 29, au lieu de *au-dessus* lire *au-dessous*.

— 53. — Ligne 1, au lieu de *Davidwells* lire *David Wells*.

— 54. — Ligne 19, au lieu de *communes* lire *comtés*.

— 54. — Ligne 24, au lieu de *cinquième* lire *huitième*.

Le Mans. — Typographie Edmond Monnoyer.

LA
SUPPRESSION DES OCTROIS

RAPPORT

A LA CHAMBRE DES DÉPUTÉS

LA

SUPPRESSION DES OCTROIS

RAPPORT A LA CHAMBRE DES DÉPUTÉS (1)

———

I

ÉTAT DE LA QUESTION

Messieurs,

La question de la suppression des octrois a déjà été posée dans les deux dernières législatures.

Le 24 janvier 1880, M. Menier avait déposé à la Chambre des députés, une proposition de loi ayant pour objet d'autoriser les communes à transformer leurs octrois en taxes directes. Cette proposition fut prise en considération par la commission d'initiative et donna lieu à un rapport de M. Pascal Duprat, le 18 mars de la même année. La proposition fut prise en considération et renvoyée à la commission des boissons. Elle devint caduque lors du renouvellement de la Chambre en 1881.

M. Delattre déposa un amendement dans le même sens à l'article 68 de la loi municipale de 1886. Combattu par M. de Marcère, alors ministre de l'intérieur, il fut repoussé.

La proposition, qui est l'objet du présent rapport, signée de plus de cent de nos collègues, a été déposée le 22 juin 1886.

La Commission actuelle s'est mise d'accord avec le ministre de

———

(1) Annexe à la séance du 17 décembre 1888.

l'Intérieur, président du Conseil, M. Floquet et M. Léon Bourgeois, sous-secrétaire d'État au ministère de l'intérieur, qui s'en était déjà préoccupé, alors qu'il était directeur des affaires départementales et municipales. Sous sa direction, M. Hennequin a rédigé un remarquable rapport intitulé : *Notes statistiques sur la situation financière des octrois en 1886*, qui apporte un important contingent à l'étude de cette question.

II

L'OCTROI DEPUIS LA RÉVOLUTION

Lorsque la Révolution éclata, l'Assemblée nationale, sous l'influence des physiocrates et des penseurs du dix-huitième siècle, supprima la plupart des contributions indirectes qui existaient à cette époque, et entre autres les octrois. Selon Necker, ils produisaient 27 millions. Le 19 janvier 1791, M. de Larochefoucauld déposa un rapport sur l'état des finances. — Il critiquait les droits d'entrée. Il profitait de l'occasion pour en signaler les inconvénients, mais reconnaissait que leur suppression pouvait être difficile. Le député Fermont s'écria :

« Il faut donner un débouché à notre industrie et dégager le commerce de toute entrave. »

Une longue discussion s'engagea, et un énergique discours de Lechapelier fit voter la suppression de tous les impôts perçus à l'entrée des villes, des bourgs et des villages. C'était la confirmation du principe de la liberté du travail qui avait déjà été affirmé dans la nuit du 4 août.

Cependant, quelque temps après, prise de vertige, au milieu des difficultés dans lesquelles elle se débattait, l'Assemblée nationale fut sur le point de rétablir les octrois. Elle chargea Dupont de Nemours de faire le rapport, et Dupont de Nemours, quoique hostile, accepta cette tâche, « de peur, dit-il, qu'un méchant commis ne rendît la loi plus dure ». Et alors se passe une scène qui paraît étrange à notre époque, mais qui caractérise si bien celle-là qu'il n'est pas inutile de la reproduire.

Lorsqu'il déposa son rapport devant l'Assemblée nationale, il le fit précéder d'une préface dans laquelle il exposait « l'injustice d'imposer, sur des marchandises de même nature dont la qualité plus ou moins précieuse ne pouvait être distinguée, des taxes qui seraient légères sur la consommation du riche (laquelle est toujours dans les meilleures qualités), pesantes sur celles du pauvre, qui ne pouvait atteindre aux qualités supérieures » ; il fit valoir encore certaines autres considérations ; l'émotion le gagna.

« Je finis en déplorant mon sort d'avoir été forcé, par le décret
« impérieux de l'Assemblée nationale, de prodiguer mon temps et
« mes efforts contre mon opinion formelle et déclarée, pour une
« opération contraire à mes principes, à mes lumières, à mon de-
« voir, au vôtre, Messieurs! Mes derniers mots furent : Je vous ai
« donné plus que ma vie !

« J'étais vivement ému, je versais de grosses larmes, mon opi-
« nion gagna mes collègues de tous les partis. Presque unanime-
« ment, ils me défendirent de lire le projet et abandonnèrent leur
« entreprise. »

On peut rire de ces mouvements d'émotion qui ont impressionné les pères de la Révolution. Je crois que nous avons tort : si quelquefois le sentiment est dangereux, dans d'autres circonstances on lui doit de subordonner à des principes supérieurs de justice les considérations secondaires et mesquines du moment.

L'octroi ne reparut pas pendant la Révolution ; il ne reparut que pendant la période réactionnaire de l'an VII.

III

RÉTABLISSEMENT DES OCTROIS

Ce fut le 24 vendémiaire qu'il fut rétabli à Paris, sous une apparence hypocrite et modeste, pour venir au secours de l'assistance publique. Il s'appela « octroi municipal et de bienfaisance. » Quand la loi du 5 ventôse, l'an VIII, étendit à toutes les communes le rétablissement des octrois, elle lui conserva cette dénomination, « pour en justifier le retour aux yeux des masses, comme disait M. Paul Fould (1), mais elle spécifia qu'ils ne seraient établis que dans les villes dont les hospices civils n'ont pas de revenus suffisants pour leurs besoins. »

---

(1) Rapport sur les octrois fait au nom de la sous-commission chargée d'examiner cette question dans l'*Enquête agricole* de 1887. Tome III, p. 298.

Les octrois, rétablis sous cette apparence timide et hypocrite, dissimulant leur caractère sous la bonne intention qu'affichait leur titre, ne tardèrent pas à prendre une part prépondérante dans les finances des communes qui eurent recours à ce mode d'impôt. L'article 55 de la loi du 11 frimaire an VII, reproduit par le décret de 1809 et l'ordonnance de 1814, portait interdiction « d'assujettir auxdites taxes les grains et farines, les fruits, beurre, pois, fromages, légumes et autres menues denrées servant habituellement à la nourriture des hommes. »

Le règlement de 1809 établit cinq catégories, en dehors desquelles aucun objet ne peut être taxé : les boissons et liquides, les combustibles, les fourrages et les matériaux.

En réalité, la loi de 1816 déclare que seront seulement imposés les objets de consommation locale ; jusqu'en 1870, à Paris, le blé payait, en vertu du décret du 30 août 1863, un centime le kilogramme, et la farine 0 fr. 013 le kilogramme, et tout le monde sait que le beurre et les œufs ne sont pas exempts.

Nous ne suivrons pas les diverses modifications de la législation des octrois. Elles attestent, et la persistance des réclamations des contribuables qui y sont soumis et la difficulté de la perception des impôts indirects.

IV

CRESCENDO DES OCTROIS

Ce que nous voulons faire ressortir, c'est le caractère prépondérant que cet impôt, si modeste dans son origine, a pris dans les communes qui ont eu le malheur de l'adopter. La loi de 1816 ne restreignit plus leur rôle à celui de supplément à l'assistance publique. L'article 147 donne aux communes le droit d'établir un octroi « quand leurs revenus sont insuffisants ». Elles en ont usé.

Voici leur situation d'après les *Notes statistiques* publiées par le ministère de l'intérieur et les derniers chiffres parus dans le *Bulletin de statistique du ministère des finances*.

Le nombre des octrois a peu varié :

1823	1.434
1882	1.535
1886	1.528
1887	1.516

On voit qu'un certain nombre de municipalités ont renoncé depuis quelques années à ce mode d'impôt. L'année où les octrois ont atteint leur maximum de recettes est 1882.

Années.	Produit brut.
1823	61.871.000 fr. (1)
1882	289.824.000 —
1886	278.334.000 —
1887	281.018.000 —

Si l'on compare l'octroi de Paris aux octrois de toutes les autres villes, on trouve :

En 1883, Paris	142.765.034 fr.
— autres communes	142.321.761
	285.086.795 fr.

Les recettes de Paris et des départements sont égales, à 400.000 fr. près :

En 1887, Paris	135.794.854 fr.
— autres communes	145.223.298
	281.018.152 fr.

Les recettes de l'octroi de Paris ont fléchi, tandis que celles des octrois des départements ont augmenté. Il y a une différence de près de 10 millions.

V

LES CENTIMES ET L'OCTROI

En 1886, le produit accumulé des centimes et de l'octroi atteint, pour 1, 528 communes d'octroi, la somme de 350,860,401 fr.

Cette somme est fournie jusqu'à concurrence de. 73.085.533 fr. seulement par l'impôt direct.

Et par l'octroi	277.774.868
Somme égale	350.860.401 fr.

Ainsi les communes se procurent, à l'aide des taxes locales de

---

(1) Ces chiffres représentent les taxes de consommation seules, déduction faite des produits accessoires, droits d'escorte, d'entrepôts, amendes, etc., qui en 1887, sont montés à 1.604.000 francs.

consommation, quatre fois plus de ressources qu'au moyen des centimes additionnels.

Le produit des impositions représente 21 p. % du montant des recettes provenant des deux sortes d'impositions, tandis que l'octroi représente 79 p. % !

Dans 19 départements, la quotité pour cent du produit de l'octroi est supérieure à 80 %.

Les voici :

Manche	89.7 %
Corse	89
Pyrénées (Hautes-)	87.7
Meuse	86.5
Garonne (Haute-)	85.3
Corrèze	85.1
Meurthe-et Moselle	84.9
Vienne	83.4
Ille-et-Vilaine	83.2
Ardennes	82.9
Landes	82.7
Pyrénées (Basses-)	82.4
Morbihan	82.2
Marne (Haute-)	81.9
Bouches-du-Rhône	81.5
Pas-de-Calais	81.5
Saône (Haute-)	81.2
Indre-et-Loire	80.7
Territoire de Belfort	80.1

Dans aucun département la quotité n'est inférieure à 60, et dans 42 elle oscille entre 70 et 80 % !

En dehors des centimes et des taxes d'octroi, les villes ont des recettes provenant des revenus soit du patrimoine communal, soit des prescriptions sur le domaine public, ainsi que des attributions qui sont normalement allouées aux villes sur divers impôts (8 centimes sur les patentes, permis de chasse, impôts sur les chevaux et voitures), etc.

M. Hennequin a dépouillé les comptes de 1886 de 130 grandes villes.

Il est arrivé au résultat suivant :

Les ressources communales de l'exercice 1886 se sont élevées pour ces 130 villes à 425,727,518 francs, reportés ainsi qu'il suit :

Recettes autres que les centimes et l'octroi...... 128.482.538
Produits des centimes additionnels.............   56.107.596
Produit de l'octroi............................ 241.137.384

Ensemble........ 425.727.518

La quotité pour cent de ces diverses recettes comparées à l'ensemble des ressources représentées par le total ci-dessus serait :

Pour les recettes communales, de.................. 30.2 %
Pour les centimes additionnels..................... 13.2
— l'octroi....... .... 56.6

100   %

L'octroi produit donc des ressources supérieures de plus de quatre fois à celles que rapportent les centimes additionnels.

Il y a des villes dans lesquelles les centimes ne comptent que pour 3 %, comme Cherbourg, 4,4 % comme Tarbes, 5,9 % comme Calais !

Les recettes communales autres que les octrois comptent pour 30 %.

Mais d'où proviennent la plupart de ces recettes? des droits perçus dans les halles, foires, marchés et abattoirs, et de la vente de l'eau et du gaz.

« Sans contester en aucune façon, dit ce rapport, la légitimité de ces perceptions qui correspondent à un service rendu, nous ne pouvons nous empêcher de faire remarquer, toutefois, que les redevances auxquelles sont assujettis les habitants, par exemple pour les concessions d'eau, ne sont pas autre chose qu'une taxe de consommation; que les droits perçus dans les halles et marchés se répercutent nécessairement sur le prix des denrées qui s'y débitent, lesquelles ont, pour la plupart, déjà été frappées d'un droit d'octroi, et qu'ainsi c'est encore sur ces objets servant à l'alimentation que pèse la charge de cette redevance communale. »

Et le rapport se termine par la phrase suivante :

« Les objets nécessaires à l'alimentation sous toutes les formes constituent, pour les communes, la principale matière imposable, et, en fait, les centimes additionnels ne fournissent qu'une faible part des ressources que les communes demandent aux contribuables pour faire face aux dépenses budgétaires. »

D'après le *Bulletin annuel des finances des grandes villes*, fondé, à la demande du congrès international de statistique, par *M. Kœrœsi*, voici pour 27 grandes villes d'Europe comment se répartissent les impôts directs et les impôts indirects :

NOMS DES VILLES	IMPÔTS DIRECTS		IMPÔTS INDIRECTS		ENSEMBLE	
	total	par tête	total	par tête	total	par tête
	francs	fr. c.	francs	fr. c.	francs	fr. c.
Paris	27.589.166	12 01	156.099.702	67 92	183.688.869	79 93
Berlin	30.854.156	25 65	874.189	0 73	31.728.345	26 37
Moscou	9.227.118	12 08	707.278	0 94	9.934.396	13 02
Vienne	25.700.369	35 22	4.400.092	6 03	30.100.461	41 25
Varsovie	2.712.050	6 70	1.399.530	3 46	4.111.580	10 15
Budapest	5.847.251	15 23	5.249.767	14 20	11.297.018	29 43
Amsterdam ...	8.425.423	23 32	1.242.477	3 44	9.666.900	26 75
Milan	3.471.429	10 24	5.812.310	17 14	9.283.739	27 38
Copenhague...	6.408.961	24 55	1.150.757	4 41	7.559.718	28 96
Turin	1.189.299	4 60	6.027.573	23 28	7.216.872	27 88
Munich	3.259.713	13 25	3.678.299	14 95	6.938.012	28 20
Dresde	3.494.907	14 96	1.161.323	4 97	4.656.230	19 93

Dans ces impôts indirects sont compris les droits de halles et marchés en dehors des octrois. Mais on voit que Paris est de beaucoup la ville où les impôts indirects tiennent la plus grande place.

Voilà l'œuvre du modeste octroi « municipal et de bienfaisance » rétabli par les lois de l'an VII et de l'an VIII. Il est arrivé à représenter la part prépondérante dans les budgets des communes imprévoyantes qui l'ont adopté.

VI

L'UNITÉ CONTRIBUTIVE

Voici comment se répartit, en 1887, le produit des cinq catégories des objets soumis à l'octroi.

Première catégorie, boissons et liquides :

Vins......................	69.391.000
Cidres...................................	3.482.000
Alcools....	21.137.000
Bières...............	15.558.000
A reporter......	109.568.000

Report......	109.568.000
Vinaigres.........................	1.353.000
Divers...............................	11.840.000
Total...............	122.760.000
2e catégorie, comestibles...............	82.657.000
3e — combustibles...............	30.703.000
4e — fourrages...............	15.403.000
5e — matériaux...............	25.275.000
6e — objets divers...............	4.217.000
Recettes accessoires....................	1.694 000
Total général.	282.712.000

Tous les objets frappés sont des objets indispensables à la vie. A moins qu'on ne soit un *teetotaller*, un abstinent farouche qui considère toute autre boisson que l'eau comme un luxe inutile, on regrettera que l'impôt sur les vins et les bières tienne une si large place dans le produit des octrois. Les contempteurs de l'alcool n'y trouveront même pas un argument en faveur de leur taxe dite moralisatrice : car pour cet objet, l'État se réserve la grosse part. Les comestibles, c'est la viande, c'est le poisson, c'est le beurre, ce sont les œufs, les objets indispensables à la vie de tous les jours ; le droit sur les combustibles, c'est le droit sur le chauffage, sur l'éclairage ; le droit sur les matériaux, c'est une avance faite par l'entrepreneur au propriétaire, qui la reporte ensuite sur le locataire, chargée d'un double escompte ; le droit sur les fourrages, c'est un impôt sur les chevaux de travail, car on sait que le cheval de luxe ne constitue que l'exception.

Chacun de ces objets représente la part suivante pour chaque contribuable :

	1882	1887
Boissons et liquides............... ...	10.74	9.98
Comestibles.....................	6.74	6.72
Combustibles..	2.61	2.49
Fourrages.....................	1.27	1.25
Matériaux.....................	3.00	2.05
Objets divers.....................	0.38	0.34
	24.66	22.83

J'entends certaines personnes dire : — «Qu'est-ce que cela ? moins de 10 francs pour la boisson par contribuable, moins de 7 francs pour les comestibles, moins de 2 fr. 50 pour les combustibles ! est-ce que les contribuables s'aperçoivent de ces taxes homœopathiques ? »

Mais alors si ces taxes sont si insignifiantes, celles qui les remplaceront seraient donc aussi insignifiantes ?

Voici ce qu'elles représentent en réalité : en 1823, les communes soumises à l'octroi se composaient de 5,711,000 habitants ; en 1882 de 11,711,000 habitants, et en 1887 de 12,500,000. Le chiffre de la population totale des communes à octroi était de 13,546,000. Le chiffre que nous donnons est celui de la population comprise dans le périmètre de l'octroi (population de droit).

Ces taxes représentent par habitant :

	Paris	Départements
1879	68.96	14.22
1880	72.12	14.28
1881	75.28	14.22
1882	66.49	14.71
1883	62.91	14.43
1887	58.30	14.67

Ce recul constaté à Paris n'est pas le résultat de dégrèvements. Il n'est pas le résultat non plus d'une diminution de la population, car entre les deux recensements de 1881 et 1886, elle a augmenté de 75,000 habitants, pour la population de droit et de 21,000 pour la population de fait. Mais la consommation a fléchi sous le poids de la taxe ; les constructions se sont ralenties et les matériaux paient à l'octroi ; le commerce s'est ingénié à échapper à l'octroi par divers procédés. Supprimer le droit d'octroi sur les vins serait un moyen beaucoup plus efficace pour supprimer le mouillage que le zèle du laboratoire municipal.

Mais un habitant ne forme pas une unité contributive. Il est chef de famille. En Hollande, on le multiplie par 5. En Angleterre, on le multiplie par 4.70. En France, où les familles sont un peu moins nombreuses, on le multiplie par 4 ; un homme, une femme, deux enfants, c'est un minimum.

A Paris, un chef de famille a donc payé à l'octroi, en 1881,

301 fr. 12, et en 1887 la somme de 233 francs ; il a payé dans les départements, en 1887, 58 fr. 68. Ces chiffres sont établis d'après la population de droit comprenant tous les résidents, absents ou présents ; elle est à Paris de 2,344,000. La population de fait comprenant les présents le jour du recensement et qui sert maintenant de base à tous les calculs des statisticiens, n'est à Paris que de 2,260,000, soit 84,000 en moins. La part de chaque individu dans l'octroi est donc de 61 francs et celle de chaque famille de 244 francs.

VII

IMPOT PROGRESSIF A REBOURS

Ce sont les petits budgets qui alimentent l'octroi : l'impôt est spécifique et non pas *ad valorem*. Le morceau de viande de qualité inférieure paye comme le filet : la barrique de vin de Suresnes comme la barrique de Château-Yquem.

Ici se présente l'objection suivante : — Mais pourquoi, sans supprimer l'octroi, ne proposez-vous pas d'établir une taxe *ad valorem* ? A mon tour, je demanderai : pourquoi donc les 1.500 municipalités qui ont des octrois n'ont-elles pas essayé de graduer les taxes ? est-ce par simple indifférence ou par constatation d'une impossibilité ?

La question a été étudiée en 1877 au Conseil municipal et a provoqué un rapport de M. Outin dont nous résumons les conclusions :

D'après une enquête faite par l'octroi, voici comment sont classées les diverses qualités de vins consommées dans Paris :

5 % vins de luxe.
11 % vins dits bourgeois.
84 % vins ordinaires.

En augmentant pour la première catégorie la taxe de 20 francs, soit 100 %, puisque le droit fixe pour la Ville et État représentait 19 fr. 50, et la seconde, de 10 fr., soit 50 % par hectolitre, on arrivait, suivant les calculs ci-après, à pouvoir disposer en faveur des vins ordinaires de 2 fr. 48 par hectolitre, moins de 2 centimes et demi par litre.

En voici la preuve :

La moyenne des vins introduits de 1872 à 1875 étant de 3.801.734 hectolitres,

5 % représentaient.............................. 190.086

11 %.. 418.200

Ensemble...................... 608.286

Les surtaxes pour ces 608.286 hectolitres, à raison de 20 et de 10 francs, auraient produit.

1° 20 francs sur 190.086 hect..................... 3.801.720 fr.

2° 10 francs sur 418.200 hect...................... 4.182.000

Total .... 7.983.720 fr.

Divisant cette dernière somme par 3.210.484 hectolitres, représentant les vins ordinaires (84 % du total, 3.801.734) on obtient 2 fr. 48 par hectolitre, soit 248 millièmes par litre.

En doublant les augmentations ci-dessus par hectolitre pour les vins de luxe et les vins bourgeois, le bénéfice brut ou le dégrèvement en faveur des vins ordinaires eût été de 4 fr. 96 par hectolitre, soit un chiffre rond de 5 centimes par litre ; mais il y aurait eu à prélever sur ce chiffre de 7.983.720 fr. l'augmentation des dépenses nécessitées par la création de services supplémentaires indispensables.

Ces dépenses ne seraient pas petites et les embarras seraient grands.

Si on divise le chiffre 3.801.734 hect. par 220, moyenne de la contenance des pièces, on constate en chiffres ronds qu'il est entré 1.720.000 pièces de vin par an, soit 144.000 par mois et 5.760 par jour.

Comment classer sérieusement ces 5.760 pièces ? A l'aide de dégustateurs ? Mais la confiance qu'ils inspirent est limitée ; et le laboratoire municipal a prouvé qu'il ne saurait reconnaître si un vin vaut 2.000 fr. la barrique ou 40 fr.

Les vins arrivent troublés par le voyage. Il faudrait donc les faire reposer pendant dix ou quinze jours dans des magasins spéciaux. Quand on multiplie les entraves d'un commerce, on multiplie les charges du consommateur.

Si on invoquait le certificat d'origine, les malins en seraient quittes pour faire venir d'Argenteuil du Château-Laffite.

En 1848, le décret du 18 avril abolit les droits sur la viande et essaya d'en reporter une partie sur les pâtés truffés et les comestibles chers. Les produits déjà peu élevés de ces objets de luxe tombèrent à rien, loin de compenser le déficit causé. Un décret du 30 août rétablit les droits sur la viande.

Dès 1847, en Belgique, au nom d'une commission qui se prononça à l'unanimité contre les octrois, M. A. Brouckère disait : « Que l'idée de réviser nos tarifs et de modifier le règlement d'après des principes rationnels était une utopie ! »

Certaines institutions ne sont susceptibles que d'une seule amélioration, leur suppression.

VIII

FRAIS DE PERCEPTION DIRECTS ET INDIRECTS

Le poids de l'impôt sur le contribuable se compose de deux éléments : son taux en numéraire, et les charges indirectes qu'y ajoute le mode de perception.

Le taux de perception de l'octroi a été en diminuant.

Les frais s'élevaient en :

1823 à	17.197.000	27. 8%
1832 à	23.199.000	8.0
1887 à	24.685.000	8.73

Mais c'est une moyenne qui n'est aussi basse que parce qu'à Paris ils ne comptent que pour 5.75, et les petits octrois de certains départements sont perçus approximativement.

D'après les *Notes statistiques* du ministère de l'intérieur, les frais de perception se répartissent de la manière suivante :

Produit de l'octroi	Plus de 100.000 fr. (1re catégorie)	De 100.000 fr. à 25.000 fr. (2e catégorie)	De 25.000 fr. à 5.000 fr. (3e catégorie)	De 5.000 fr. à 1.500 fr. (4e catégorie)	Au-dessous de 1.500 fr. (5e catégorie)
Taux moyen des frais de perception	14,08 %	15,14 %	14,23 %	13,26 %	12,46 %
Nombre des communes	217	234	276	205	190

Pour les 1122 octrois en régie, les frais de perception de 234 sont supérieurs à 15 %, parmi lesquels vingt-quatre représentent plus de 25 %/° et quatre dépassent 30.

Selon une pratique.empruntée à l'ancien régime, il y a en outre
417 octrois en ferme, généralement situés dans le Midi. La ferme,
dit le règlement de 1809, est l'adjudication pure et simple des produits d'un octroi, moyennant un prix convenu, sans partage de
bénéfice et sans allocation de frais.

Ces octrois sont l'objet d'un forfait entre un entrepreneur
et la municipalité.

Les octrois affermés ont rapporté aux communes 4,429,000 fr. ;
« mais, dit le Rapport, il est difficile de déterminer le montant
exact des recettes effectuées.

« En effet, les fermiers dissimulent autant que possible leurs
perceptions, afin de déprécier l'octroi et d'obtenir ainsi des renou-
vellements de baux à des conditions plus favorables.

« Pour corroborer cette assertion, il suffit de quelques
exemples.

« Le fermier de l'octroi de Limoux (Aude), qui verse à la commune une somme de 62,210 fr., déclare pour 1886, une recette de
67,605 francs, et il évalue à 10,900 fr. les frais de perception.

« Sa dépense serait donc de 73,110 fr. et dépasserait de
5,505 fr. les encaissements déclarés. »

Ajoute-t-il cette somme de sa poche ?

Pour l'octroi de Panges (Hérault), le receveur serait en perte
de 600 fr.; pour celui de Graulhet (Tarn), de 6,176 fr., etc. Y a-t-il
donc de généreux citoyens qui, par pur amour du bien public,
consentent à devenir fermiers de l'octroi pour avoir l'ineffable
bonheur de contribuer de leur bourse aux finances municipales ?

D'autres ne paraissent pas pousser l'esprit de sacrifice jusque-là ;
mais ils déclarent un chiffre de recettes, au Puy (Loire), par
exemple, d'après lequel ils se contenteraient d'une rémunération
de 2.2 % pour leur capital engagé, les risques qu'ils courent et les
soins qu'ils donnent.

Le rapport conclut :

« A la vérité, les fermiers sont soumis au double contrôle des
agents des contributions indirectes et de l'autorité municipale; ils
sont tenus d'avoir des registres à souche cotés et paraphés par
le maire, d'y inscrire jour par jour toutes les opérations, etc.;
mais toutes ces sages précautions sont en fait purement illu-
soires; il est avéré que le fermier n'inscrit pas la totalité des
recettes qu'il encaisse, et qu'il arrive à tromper la vigilance

des inspecteurs par des procédés bien connus des agents de contrôle et contre lesquels il ne semble pas y avoir de remède efficace. »

Le rapport continue : « Au surplus, il est à craindre que dans les petits octrois en ferme, dont la surveillance est difficile, le fermier ne cherche qu'à conquérir une complète liberté d'action, au prix de quelques exonérations habilement consenties et parfois acceptées ».

On voit sous les euphémismes habituels au langage officiel, la gravité de l'accusation : les fermiers de l'octroi ne sont pas incorruptibles.

On s'en doutait bien. Quelques conseils municipaux l'ont même déclaré assez haut : il y a eu des adjudications qui ont fait scandale ; une entre autres à Rivesalte, dans les Pyrénées-Orientales, donna lieu, à deux reprises, en 1885, à une protestation unanime du conseil municipal.

Voilà le fait généralisé et officiellement constaté.

Comme toutes les contributions indirectes, l'octroi donne une prime à la fraude ; et plus cette prime est forte, moins il y a d'âmes assez trempées pour y résister.

Cette prime est une protection donnée au commerçant malhonnête contre le commerçant honnête. Le premier bénéficie de toutes les charges que de semblables impôts font peser sur le second.

Le mode de perception est lui-même une injure : l'employé vous demande : — Avez-vous quelque chose à déclarer ? — Rien — Ouvrez votre sac !

La morale professionnelle de l'employé d'octroi est de supposer que toute personne qui passe devant lui est un fraudeur ; s'il n'honorait pas de ce soupçon chacun de ses concitoyens, il manquerait à son devoir, et la perception de l'octroi serait illusoire. Ce zèle l'emporte jusqu'à employer des procédés que nous trouvons odieux dans l'ancien régime, sans nous apercevoir qu'ils existent encore à notre époque. Le 20 avril 1886, à Pantin, des employés de l'octroi se sont jetés la nuit sur une voiture ; ils n'avaient pas d'uniforme, les voyageurs ont cru à une attaque nocturne ; des coups de revolver ont été échangés, des personnes blessées, un employé tué !

Ce fait constitue un drame qui peut se produire, qui se produit quelquefois avec des variantes, mais qui heureusement est exceptionnel.

Mais l'ennui quotidien, la perte de temps, la perte d'argent se produisent tous les jours. Que diront nos descendants, quand ils verront qu'aujourd'hui, pour aller de Paris à Versailles, vous êtes soumis à l'inspection de six lignes de douanes ?

L'employé a le droit de monter dans votre voiture, d'ouvrir votre coffre, de farfouiller dans vos caisses, vos malles, vos paniers. En vain l'expéditeur a pris toutes sortes de précautions pour emballer des prunes, des pêches, de la volaille, du gibier ; l'employé d'octroi a le droit de tout bousculer, de tout déranger, de tout écraser. L'expéditeur a expédié sous plomb ; l'employé d'octroi coupe la ficelle, ne remet pas le plomb. S'il y a quelque chose d'égaré en route, comment établir la responsabilité entre l'expéditeur, l'agent de commission, le destinataire et l'employé de l'octroi ?

Si honnête que vous soyez, vous êtes menacé de la police correctionnelle chaque fois que vous introduisez dans un territoire assujetti au droit d'octroi, un objet qui y est soumis. Vous devez faire une déclaration exacte de la quantité que vous faites pénétrer dans la commune. La veille, on a chargé une charrette de foin bien sec, sortant du grenier. C'est le poids de ce foin que vous avez payé. La charrette reste la nuit dehors, et se présente le matin dans les lignes de l'octroi. Il a fait du brouillard pendant la nuit. Votre déclaration constate un poids inférieur au poids actuel. Vous n'aviez pas prévu, vous n'aviez pas acheté le brouillard. Tant pis pour vous. Procès-verbal et transactions onéreuses.

Puis vient la répercussion. Vous vivez dans une commune des environs de Paris. Vous achetez un poulet à Paris : il a déjà payé pour l'octroi de Paris : il devra payer encore pour celui de Neuilly ou de Vincennes ; il est réexporté plus loin : il est toujours soumis à ce double droit d'octroi. Paris, par la force des choses, est devenu un grand entrepôt d'alimentation : cependant, il n'a pas atteint toute l'extension dont il est susceptible, parce que l'octroi a barré le cours naturel du commerce.

Parlerons-nous des stations aux portes, des files de charrettes chargées de matériaux et de boissons, de voitures de déménagements et de maraîchers, s'allongeant les unes à la suite des autres ? Ce temps perdu, ces formalités de la route, cela se paye.

Presque partout, les bureaux d'octroi sont fermés à telle heure et ouverts à telle autre. C'est le couvre-feu ! Si vous arrivez avec un objet soumis à l'octroi, vous n'avez qu'une alternative : ou laisser l'objet à la porte de la ville ou devenir un fraudeur. Quel est le chasseur qui n'y a pas été placé et que celui qui a choisi la première lève la main? Mais il ne s'agit pas toujours d'un lapin ou d'un couple de perdreaux.

Des marchands de bétail veulent faire voyager la nuit leurs troupeaux pour éviter la chaleur. Ils sont en état de fraude pourvu qu'une commune à octroi se trouve sur leur passage. L'année dernière, l'un d'eux, entre Rive-de-Gier et Saint-Étienne, obligé de traverser huit octrois, fut frappé de procès. On voit des charrettes obligées de demeurer la nuit à la barrière, quoiqu'elles soient arrivées quelques minutes après la fermeture des bureaux ! C'est d'un ridicule barbare, que fait mieux ressortir le chemin de fer qui, à côté, passe et fait traverser toutes ces douanes aux objets qui, voyageant par la route, sont arrêtés à chaque octroi !

Certaines communes, soumises à l'octroi, ont un territoire étendu et une faible population. Elles contiennent des exploitations agricoles qui sont soumises à des déclarations et à l'exercice. Des difficultés d'interprétation fantastique se soulèvent; quand il s'agit d'étayage et d'émondage d'arbres, ces difficultés deviennent des impossibilités qui ne sont réglées que par le bon plaisir.

IX

LE PROTECTIONNISME LOCAL

Un des grands triomphes de la Révolution fut la suppression des douanes intérieures qui isolaient les provinces les unes des autres : les octrois ne constituent-t-ils pas aussi des douanes intérieures, qui font des 1516 communes qu'ils entourent autant d'îlots séparés du reste de la nation ?

Ils devraient être prohibés dans un pays où un des devoirs du gouvernement est d'assurer, pour les personnes et pour les choses, la liberté d'aller et de venir sur tous les points du territoire. C'est cette liberté de la circulation qui constitue l'unité nationale, et les octrois la fractionnent !

Ils en arrivent à opposer intérêts à intérêts particularistes, et à inviter les communes à se servir des octrois comme d'instruments protectionnistes ; contre qui ? contre leurs compatriotes; contre quoi? contre les produits mêmes de leur pays.

Dans l'exposé des motifs de la loi qui a supprimé les octrois

en Belgique, M. Frère-Orban avait constaté cette grave conséquence de ce système fiscal. « Une guerre intestine de tarifs, disait-il,
une guerre à l'état latent, mais des plus pernicieuses pour la consoli-
dation de l'unité nationale, existe entre nos communes ; car de l'impossibilité, dans la plupart des cas, d'établir sur la même base
la taxe à l'importation et à la fabrication, résulte celle de produire
exactement ces deux taxes. » En Italie, certaines communes ont
frappé de droits les meubles fabriqués dans les communes
voisines.

La France est-elle soustraite à cet esprit qui doit naître fatale-
ment de ce régime ? La jurisprudence du Conseil d'État prétend
bien que l'octroi ne doit pas servir d'instrument de protection.
Dans certaines villes les tarifs paraissent combinés à ce point de
vue. Parce qu'il existe un fabricant de tôle galvanisée, à Tourcoing,
ville industrielle de 40,000 habitants, la municipalité a imposé
toute la tôle galvanisée à 2 francs par 100 kilos. Mais je
trouve mieux que des faits, je trouve la théorie même de l'octroi, employé comme moyen de protection contre les produits du dehors, dans le compte rendu de la commission du
budget du conseil municipal de Paris (séance du 20 octobre
1888) (1). M. Lyon-Alemand : « Tous les ouvriers des industries
parisiennes où les bois sont travaillés réclament cette protection
à très juste titre. » M. Lerolle « examine les propositions destinées
à protéger le travail national ou parisien. » M. Lyon-Alemand
développe et se plaint des « usines de province et de l'étranger qui
envoient des bois ouvrés. » M. Patenne intervient au nom « des
fabricants de galoches parisiens. »

La genèse de ce protectionnisme local est facile à établir. L'octroi
est prélevé sur le bois brut dont le travail comporte de 35 à 50 %
de déchet. C'est une perte considérable qui donne un avantage à
ceux qui peuvent ouvrer le bois non assujetti à l'octroi. De là, des
réclamations qui se traduisent par des affirmations protectionnistes comme celles que nous venons de relever.

Il faut lire les *procès-verbaux* de la commission consultative des
octrois de Paris, pour voir les difficultés pratiques qu'ils présentent
pour certaines industries. Quels sont ceux de consommation locale
ou ceux de transit ? L'énumération des objets compris dans l'or-

---

(1) 20 oct. 88. (*Bull., m·¹*, 31 oct. 88).

donnance de 1814 est-elle limitative, ou tous les objets peuvent-ils
être imposés à la condition qu'ils soient consommés dans la commune, comme le dit l'article 147 de la loi de 1816? La jurisprudence
de la cour de cassation a varié sur ce point. Par un arrêt de 1834,
elle décida que la loi de 1816 avait abrogé l'ordonnance de 1814.

Puis, le 2 février 1848, elle revint sur cette doctrine et déclara
qu'ainsi les métiers à filer, n'étant pas compris dans les cinq
catégories, ne pouvaient être taxés. Même décision le 6 décembre 1848, à propos des soudes. Le 18 février 1852, elle revint à
sa première doctrine. Son arrêt spécifie très nettement que les
« taxes d'octroi peuvent être établies sans exception pour les consommations industrielles. » Non seulement elle s'est tenue depuis
cette époque à cette jurisprudence, mais le décret du 12 février 1870 l'a consacrée, car le tarif qui y est annexé contient des
objets qui ne sont pas compris dans les cinq catégories, et les
conseils municipaux, d'après la loi de 1854, peuvent créer une taxe
sur un objet qui n'y est pas compris, pourvu que la délibération
soit approuvée par décret du président de la République (1).

Mais les objets qui servent à la fabrication d'autres objets qui
peuvent être expédiés au dehors, sont-ils des objets de consommation locale ? Variations du gouvernement, du conseil d'État et
de la cour de cassation sur cette question. Le décret du 12 février 1870, non applicable à l'octroi de Paris, accorde l'entrepôt
à domicile pour les combustibles et matières premières; mais il
ne sera pas accordé « dans le cas où la somme à percevoir à
raison des quantités pour lesquelles elles entrent dans un produit
industriel, n'atteindrait pas un quart pour cent de la valeur de ce
produit. » Décharge accordée quand ces matières servent à la fabrication de produits qui ne sont frappés d'aucun droit dans la
localité, justification difficile. Si le produit est frappé, décharge
pour le combustible et la matière première ; mais payement pour
les produits qu'il n'aura pas fait sortir du lieu sujet !

M. A. Humbert déposait, le 11 décembre 1888, une proposition
au Conseil municipal de Paris, qui montre les difficultés auxquelles
l'octroi soumet les industriels :

« Considérant que la taxe de 3 fr. 60, établie par la délibération
du 2 avril 1881 sur la fabrication des fers à l'intérieur de Paris, n'a

---

(1) Voir Le Sourd. La *Législation des octrois.*

pas eu pour effet d'égaliser, au point de vue du traitement, la fabrication parisienne à celle de la province, mais qu'elle constitue, en réalité, au profit de cette dernière, un droit de protection ruineux pour nos usines ;

« Que cette situation s'est encore aggravée par l'abaissement du prix de l'unité taxée de 20 à 12 et même 11 francs, et qu'ainsi la taxe est, en fait presque doublée ;

« Que les conséquences désastreuses de cet état de choses viennent de se révéler par la fermeture des forges de la Villette et l'extinction d'un four à l'usine de Grenelle. »

On se rappelle le fameux droit dont M. Haussmann frappa la houille à Paris en 1867. L'empereur avait peur des agglomérations ouvrières que pouvaient y appeler les grandes usines. M. Haussmann voulut les expulser de Paris, sans dissimuler le moins du monde son but. « La grande industrie, disait-il, répand des torrents de fumée, trouble la sérénité du ciel.... Le droit sur la houille met un frein à l'augmentation des grandes usines dans Paris. » Il voulait exclusivement en faire une ville de financiers, de fonctionnaires, de filles et de lazzaroni.

X

INFLUENCE RÉPRESSIVE

Quels sont les arguments invoqués par les partisans des octrois?

Ils disent d'abord que c'est un impôt volontaire : vous ne buvez pas de vin, vous ne payez pas à l'octroi des droits sur le vin ; vous ne mangez pas de viande, vous ne payez pas le droit d'octroi sur la viande; vous n'allumez pas de lampe, vous gelez sans feu en hiver, vous ne payez pas de droits sur les combustibles. Supprimez la lumière et le feu à Merlatti, pendant son jeûne, et il échappe à l'octroi.

Quelques-uns se posent cette question : « Est-il bon que le vin soit à bas prix ? » Dans son rapport, au nom de la Sous-Commission des octrois dans *l'Enquête agricole* de 1867, M. Paul Fould formulait en faveur des octrois l'argument suivant : « En élevant le prix des consommations dans les villes, ils mettent un frein à la dépopulation des campagnes. »

Les hommes qui soutiennent de pareilles thèses, considèrent que le fisc peut être, doit être un instrument d'oppression qu'ils dirigent tantôt contre ceux-ci, tantôt contre ceux-là, selon leurs conceptions politiques et sociales. Ils produisent ainsi un formidable argument contre le système fiscal qu'ils défendent; car il ne tendrait à rien moins, d'après leurs propres déclarations, qu'à empêcher les villes de se peupler, et par conséquent de se développer.

Si, comme ils le disent avec raison, l'octroi est une cause d'arrêt de prospérité pour elles, les administrateurs qui y ont recours ne sont-ils pas coupables de trahison envers les populations qui les habitent? Que dirait-on d'un gouvernement dont la politique serait d'empêcher son pays de se développer, la population d'y affluer et d'y avoir tout le bien-être possible? Ce qui serait crime pour un ministre, serait-il vertu pour un maire?

L'octroi ne parvient pas à empêcher l'émigration des campagnes, par cette raison qu'elle dépend de trop de facteurs économiques pour qu'une semblable barrière puisse l'arrêter; mais il empêche le peuplement des villes en refoulant la population dans la banlieue. De 1861 à 1886, l'accroissement de la population dans les arrondissements de Sceaux et Saint-Denis a été de 359,020 habitants pour une population initiale de 257,519 habitants; de 1881 à 1886, la population de Paris n'a augmenté que de 75,527 habitants, tandis que celle des arrondissements de Sceaux et Saint-Denis a augmenté de 86,233 habitants.

Enfin « on le paye sans s'en apercevoir. » En 1866, M. Frédéric Passy s'était élevé avec éloquence, dans un appel aux conseils généraux qu'il conviait à la suppression des octrois, contre cette théorie qui consiste à plumer la poule sans la faire crier « sous prétexte d'obtenir le maximum de produit possible avec le minimum de mécontentement.» C'est la vieille théorie de l'impôt brigand, flibustier, se mettant en embuscade pour dépouiller le contribuable sans qu'il s'en doutât. Mais au mot impôt, qui représente cette idée de violence et de surprise, la Révolution substitua le mot de contribution qui implique coopération. Il n'y aura de mœurs publiques en France que lorsque le contribuable pourra établir un rapport entre les intérêts publics et les intérêts privés, savoir combien il paye et pourquoi il paye.

Ce système de l'impôt ainsi dissimulé concorde avec l'époque où le budget de l'État était un secret qui eût envoyé à la Bastille le

téméraire qui eût osé le divulguer. Il est en contradiction avec
notre système de publicité et de contrôle ; et le progrès financier
d'un pays est en raison de son développement.

XI

INFLUENCE SUR LA CONSOMMATION

Les partisans du maintien du *statu quo* ajoutent que la suppression de l'octroi ne profitera qu'aux intermédiaires et que les consommateurs n'en profiteront pas. Ils sont ainsi en contradiction
avec tous les faits de l'histoire des prix. Si cette affirmation était
exacte, on pourrait donc augmenter indéfiniment les taxes ? Ce ne
seraient pas les consommateurs qui les payeraient ; les marchands
seuls les supporteraient !

Si cette affirmation était exacte, jamais le public ne
s'apercevrait donc d'une baisse de prix ? Il continuerait de payer
toujours au même prix : vêtements, chaussures, linge ? Les com-
merçants ne se feraient jamais de concurrence entre eux ? Aucun
ne voudrait détourner la clientèle à son profit en promettant un prix
plus bas que son voisin ? Regardez seulement dans votre rue ; voyez
la concurrence que se font les magasins rivaux en essayant de
séduire le client chacun par les bas prix de leurs produits : et un des
plus grands magasins du monde n'a-t-il pas pris pour enseigne
cette dénomination si simple, mais qui résume la psychologie du
plus grand nombre des acheteurs, le Bon Marché !

Comparez le prix du sucre la veille du dégrèvement de 1881 et
le lendemain : direz-vous que le consommateur n'en a pas profité ?
Allez à Londres acheter une livre de sucre 0,15 c. que vous payez
ici 0,55 c. : direz-vous que l'épicier anglais ne fait pas bénéficier
son client du bas prix de ce produit ?

M. Denis, professeur à l'école polytechnique de Bruxelles, bien
connu par ses travaux, a tracé un graphique représentant le prix
de la viande dépecée, mouton, bœuf, porc, à Bruxelles, après la
suppression des octrois en Belgique.

Pendant la première année, le prix reste invariable.

Qu'indique ce fait ? c'est que le boucher essaye de garder pour
lui le dégrèvement, par un sentiment bien naturel. Mais le client
réclame. Des bouchers trouvent là une bonne occasion de

détourner la clientèle de leurs collègues à leur profit. Ils baissent leur prix. Les clients menacent de déserter leurs anciennes maisons pour aller à celles-là. Au bout d'un an, la résistance est vaincue. Bien plus, l'émulation du bon marché s'est développée : les vieilles maisons, qui avaient résisté le plus longtemps, enchérissent, pour rattraper leurs clients, sur le rabais de leurs rivaux ; et jusqu'en 1866, la viande ne cesse pas de baisser de prix !

Que le public se fût fait des illusions supérieures à ce que pouvait être la réalité, et qu'on ait entendu des gens dire : « La suppression des octrois n'a pas eu d'influence sur les prix », parce que le lendemain, ils n'ont pas reçu tout en cadeau, rien d'étonnant : c'est une preuve de défaut de méthode. Si on paye les impôts indirects « sans s'en apercevoir », comme disent leurs partisans, on ne devrait pas s'apercevoir non plus de leur disparition.

« Le public consommateur, disait M. Anspach, bourgmestre de Bruxelles (1), a dû nécessairement jouir de cette différence de dégrèvement des matières soumises à l'octroi. Nos habitants ont profité directement de la diminution de prix sur les matériaux, sur le charbon, sur le gaz. »

Dans un autre document, il disait :

« Une réduction réelle de prix sur plusieurs objets détaxés a suivi l'abolition des octrois. Il est résulté d'une enquête sommaire faite à ce sujet, au commencement de 1861, qu'une diminution était accordée aux consommateurs par beaucoup de marchands, notamment dans les villes de Gand, Verviers, Bruxelles, Liège, Termonde, Malines, Spa, Saint-Nicolas, Renaix, Saint-Trond, Courtrai, Bruges, etc., sur des objets qui étaient soumis à une taxe assez élevée pour être appréciable, eu égard aux quantités qu'on achète habituellement à la fois ; des marchands annonçaient même cette réduction pour attirer les chalands.

« Pour plusieurs villes citées ci-dessus, le fait a été confirmé par des renseignements émanés des administrations locales. Si les investigations avaient été poussées plus loin, il est probable qu'un grand nombre d'exemples pourraient être donnés (2). »

---

(1) Lettre publiée dans l'*Enquête agricole*, 1869, p. 2, p. 424.

(2) Rapport déposé à l'appui du budget des recettes et des dépenses par ordre de l'année 1863, cité par Alfred Guignard : *La suppression des octrois*, 1888.

Voyez le phénomène général, connu du monde entier : que fait une banque quand, pour défendre son encaisse, elle a besoin de ralentir les transactions ? Elle relève le taux de son escompte d'un, d'un demi quelquefois, pour cent. Cela suffit pour frapper immédiatement la circulation d'un arrêt : et des droits de 25, de 20, de 15 % seraient insignifiants et n'auraient pas d'influence sur les transactions !

Pendant les cinq années qui ont précédé et pendant les cinq années qui ont suivi le traité de commerce anglo-français de 1860, le commerce spécial de la France s'est chiffré de la manière suivante :

Moyenne annuelle

	Importations	Exportations	Total
1855-1859.........	1.732.000.000	1.894.000.000	3.626.000.000
1861-1865.........	2.447.000.000	2.564.000.000	5.012.000.000

Quelques chiffres biffés ou réduits ont suffi pour provoquer une augmentation annuelle d'exportations de 670.000.000, soit 35 pour %; une augmentation du commerce total de 1.386 millions, soit 37 pour %.

Ce qui se produit de nation à nation ne se produirait pas entre villes et régions situées sur le même territoire ! Jamais affirmation *à priori* n'a été démentie par plus de faits !

Les pays qui ont aboli les octrois songent-ils à les rétablir ?

Les communes qui les ont supprimés en France s'empressent-elles de confesser leur erreur et d'y revenir ? On l'avait dit de Montereau. Le rapporteur a écrit au maire qui s'est empressé de répondre que non seulement on ne l'avait pas rétabli, mais qu'on n'y songeait pas !

XII

L'OCTROI ET LES ÉTRANGERS

Nous avons encore à répondre à une objection qu'on nous permettra de qualifier d'enfantine. « Les étrangers, dit-on, payent à l'octroi et ils ne payeront plus ! » D'abord, nous n'interdisons pas de leur demander une taxe de séjour comme on fait à Hombourg et autres villes d'eaux de l'Allemagne. C'est l'affaire des communes : nous croyons que celles qui y auraient recours feraient une déplorable spéculation. Mais on se fait de singulières idées sur le nombre des étrangers. Le recensement de 1881 compte 513,000 individus de passage, voyageurs, etc., pour toute la France, soit 1 sur 75 habitants. Celui de 1886, 430,000, soit 1 sur 88. A Paris, en 1881, ils étaient 26,999 ; en 1886, 30,509, soit 1 sur 78 ; dans le département de la Seine, Paris compris, le jour du recensement, ils étaient en 1881 au nombre de 37,400 sur 2,762,000 habitants, soit 1 étranger par 73 habitants et en 1886, 39,557, soit 1 sur 72.

On a également de singulières idées sur leur productivité au point de vue de l'octroi. Certes, si leur influence devait se faire sentir, ce serait au moment des expositions universelles.

Or, quelles ont été les recettes de l'octroi de Paris, en 1867, année d'exposition, comparées aux recettes des années précédentes et suivantes ?

1864	85.860.000 fr.
1865	89.949.000
1866	96.082.000
1867	100.151.000
1868	100.813.000
1869	107.557.000

De 1866 à 1867, l'octroi n'augmente que de 4 millions, tandis que de 1864 à 1865 il avait augmenté également de 4 millions et de 1865 à 1866, il a augmenté de 6 millions, il reste stationnaire en 1867 et 1868, et augmente, au contraire, de 7 millions en 1869, alors que tous les étrangers venus pour l'exposition étaient bien loin.

Prenons les années qui précèdent et suivent l'exposition de 1878, nous verrons se produire un phénomène analogue.

1875	118.243.000 fr.
1876	124.248.000
1877	125.398.000
1878	132.182.000
1879	136.359.000
1880	142.619.000

L'octroi monte de 7 millions en 1878 ; mais il était monté de 6 millions en 1876 ; mais en 1879, il monte de 4 millions ; en 1880, il monte de 9 millions. On voit que l'affluence des étrangers a.

sur les recettes de l'octroi, une influence beaucoup moins consi·
dérable qu'on ne le suppose.

Mais que les auteurs de cette objection qui considèrent encore
l'étranger, même quand il est leur compatriote, comme un *hostis*
qu'il faut exploiter, se rassurent : l'impôt étant direct, l'étranger
en payera toujours sa part par répercussion ; et puis vraiment,
ce serait un singulier métier de dupe de faire peser un impôt ini-
que sur 72 ou 88 personnes, de peur qu'un oiseau de passage y
échappât. Cet argument, ayant été invoqué au Conseil municipal
de Dijon, M. Duthu, faisant le décompte de ce que pouvaient
payer les étrangers à l'octroi, disait : « Quoi ! c'est sur une misé-
rable somme de 800 francs, prélevée sur les étrangers, que l'on
s'appuie pour demander aux habitants une somme cent fois plus
forte! (1). »

XIII

COMBIEN DE CENTIMES ?

Certaines personnes, en calculant combien il faudrait de centimes
pour remplacer l'octroi, concluent que la suppression en est impos-
sible. Soit : examinons cette question d'après les *Notes Statistiques* du ministère de l'intérieur (p. 125).

Dans 906 communes, sur 1528 qui possèdent un octroi, le montant
des taxes indirectes représente moins de 50 centimes additionnels. Il serait donc facile à ces communes de supprimer leurs
octrois.

Dans 309 communes, il représente de 50 à 100 centimes : dans
200, il représente de 100 à 150 centimes ; dans 113 plus de 150 centimes.

Si on ajoutait ces centimes à ceux que supportent déjà les çon-
tribuables, les impositions totales s'élèveraient aux quotités suivantes : 442 communes supporteraient moins de 50 centimes ; 515
seraient grevées de 50 à 100 centimes ; 272 de 100 à 150 ; 299 de
plus de 150 centimes.

Dans cette dernière catégorie, 192 communes supporteraient de
150 à 200 centimes ; 75 communes, de 200 à 250 (p. 126), et 5 communes, plus de 300 centimes (p. 129-130).

---

(1) Séance du 10 mai 1886.

Ces communes sont Chalon-sur-Saône 372 centimes, Bastia 331, Aubervilliers 311, Lunéville 307, Chambéry 300. Pour Paris, il faudrait ajouter 237 centimes aux centimes actuels.

Le remplacement des octrois par des centimes additionnels présenterait plusieurs inconvénients : les centimes viennent s'ajouter à des contributions dont trois sont des impôts de répartition; ce poids de centimes additionnels vient donc aggraver les inégalités des contingents; de plus les centimes additionnels imposés sur la propriété foncière le sont sur une valeur fictive, de beaucoup au-dessous de la réalité. Ces chiffres sont donc exagérés.

Mais acceptons-les : ils constituent un terrible argument contre les octrois; car ces contributions directes, si imparfaites qu'elles soient, représentent un effort vers la proportionnalité de l'impôt que n'a pas tenté, que ne peut tenter l'octroi. Or, plus elles sont faibles à l'égard de l'octroi et plus l'injustice est grande. Vous vous effrayez de ce nombre de centimes; mais vous devriez vous effrayer de l'iniquité qu'ils constatent. Ils prouvent que votre octroi est écrasant pour les contribuables, et les plus nombreux et les moins riches; et, par conséquent, démontrent la nécessité de le supprimer au plus tôt et de faire payer ceux qui se sont déchargés de leur part contributive sur les autres.

XIV

LES FRAIS DE CASERNEMENT

Voici un autre argument souvent opposé à la réforme des octrois. Nous avons une garnison : elle paye l'octroi. C'est une ressource pour la ville. Elle lui échappera donc !

Les personnes qui formulent cette objection oublient l'article 46 de la loi du 15 mai 1818 et 1er de l'ordonnance du 5 août 1818, qui frappe d'une contribution de 7 fr. par homme et de 3 fr. par cheval ou d'un abonnement, les villes qui ont des octrois, sous ce titre : « frais de casernement ».

Il en résulte que les villes doivent restituer et restituent à l'État une partie plus ou moins grande des perceptions qu'elles ont effectuées sur les objets introduits pour la consommation des troupes.

Les villes doivent donc déduire cette somme du produit de leur octroi, exactement comme elles doivent en déduire leurs frais de perception.

Voici la quotité pour cent des frais de casernement, par rapport au produit brut de l'octroi, entre les 287 villes de garnison :

20 % et au-dessus......................	3 communes.
19 à 15 % —	1 —
14 à 12 % —	6 —
11 à 10 % —	9 —
9 à 7 % —	20 —
6 à 4 % —	49 —
3 à 2 % —	130 —
1 % et au-dessous	287 communes.

Dans les dix communes suivantes, les frais de casernement dépassent 11 % du produit de l'octroi :

		Produits de l'octroi.	Frais de casernement.	0/0
		Francs	Francs	—
Montlouis.....	Pyr.-Orient.....	960	489	50.9
Auxonne......	Côte-d'Or	63.258	17.478	27.6
Belley	Ain.............	35.310	6.739	19
Cosne........	Nièvre..........	43.862	7.152	16.3
Sospel	Alpes-Maritimes.	1.821	269	14.7
Ancenis.......	Loire-Inférieure.	31.127	4.481	14.3
Givet	Ardennes........	69.672	9.676	13.8
Villefranche ..	Alpes-Maritimes.	31.680	4.082	12.8
Briançon	Hautes-Alpes....	50.251	6.264	12.4
Condé........	Nord..	51.590	6.126	12

Maintenant voici les dépenses cumulées des frais de casernement et des frais de perception pour les 287 villes de garnison :

50 % et au-dessus....................	2 communes.
49 à 31 % —	5 —
30 à 26 % —	9 —
25 à 20 % —	48 —
19 à 15 % —	97 —
15 % et au-dessous..................	126 —
Total..........	287 communes.

Les communes dans lesquelles la dépense est supérieure à
25 % sont les suivantes :

Montlouis..	50.9 %
Auxonne	45.4
Sospel (Alpes-Maritimes)	37
Montdauphin (Hautes-Alpes)........................	35.1
Mézières..	33.5
Riom...	31.4
Briançon	31.3
Cosne..	29.8
Belley	29.4
Ancenis	28.8
Montbrison	28.8
Joinville	28.7
Romainville	28.6
Givet..	26.2
Rambouillet	26

« Il n'est pas nécessaire, conclut le rapport, d'insister sur les
dépenses ci-dessus L'existence d'un octroi dont les recettes sont
absorbées dans la mesure de la moitié, d'un tiers ou même d'un
quart, semble difficile à justifier. »

Reconnaissant toutefois que dans nombre de villes, il y a une
marge au profit de la ville entre les recettes d'octroi que donnent
les troupes et le remboursement opéré, nous ajoutons que la ville
pourrait conclure des abonnements avec l'État, proportionnels à
l'importance de la garnison et aux sacrifices faits par la commune
pour l'obtenir.

XV

COMMENT LES REMPLACER ?

— Comment remplacer les octrois ? Le gouvernement va-t-il
prendre la responsabilité de les supprimer tous d'un seul coup, et
d'imposer aux villes une formule unique pour les faire disparaître ?

Cette formule serait dans les habitudes de notre centralisation :
sans tenir compte de leurs mœurs, de leurs aptitudes au progrès,
de leurs habitudes, de leurs préjugés, le pouvoir central doit or-
donner à tous les nationaux, Bretons, Provençaux, Basques ou
Flamands, de marcher du même pas.

Autant que possible, c'est le système contraire qu'il faut employer (1).

Diviser les risques d'une expérience, c'est en diminuer les inconvénients.

Proportionner le progrès aux milieux, c'est substituer à un progrès imposé violemment, provoquant des réactions proportionnées à la pression exercée, la méthode expérimentale, l'évolution par la persuasion et par l'exemple.

Les octrois présentent une excellente occasion pour qu'on y ait recours. C'est un impôt particulier et non général, divers de forme, de mode de perception, de tarif, ne s'appliquant qu'à la minorité des communes. On ne peut donc pas prétendre qu'en établissant pour eux une législation séparée, nous détruirons l'unité nationale. Cette législation séparée existe déjà, nous ne faisons que la prendre et la retourner contre eux.

Comment? — En donnant aux communes la liberté de supprimer leurs octrois et de les remplacer par des taxes directes dont elles détermineront elles-mêmes l'espèce.

Tel est le principe de la proposition de loi présentée par M. Menier, et reprise par moi et plus de cent de mes collègues.

XVI

OBJECTIONS

On y a fait trois objections. M. de Marcère s'est écrié : — « Vous permettriez donc aux communes de faire des expériences fiscales? » Et pourquoi pas? Est-ce que toute loi, tout décret, tout arrêté, n'est pas une expérience? L'État ne fait-il pas des expériences à tout instant, et quelquefois de terribles qui compromettent le sort de la nation tout entière? Laissez les communes faire des expériences dont l'État pourra profiter ensuite. Elles ne pourront jamais compromettre, en les supposant imprudentes, qu'une faible partie du territoire et de la population. Du reste, nous reconnaissons que quelques garanties de droit commun doivent être prises contre les fantaisies qui pourraient passer par la tête de quelques conseils municipaux.

---

(1) Voir Léon Donnat : *La Politique Expérimentale (Bibliothèque des sciences contemporaines)*. Reinwald éditeur.

La seconde objection contredit la première. On dit : — « Si vous laissez les communes libres de conserver ou de supprimer leurs octrois, elles les conserveront toutes. »

Si elles sont si routinières, il n'y a donc aucun inconvénient à leur donner cette liberté d'expérience dont elles n'useront pas. Cependant j'ai confiance dans leur esprit d'initiative. Voyez déjà les vingt communes qui ont supprimé leurs octrois depuis trois ans. Je suis convaincu que dès la première année, dix, vingt, trente communes importantes réaliseraient ou au moins commenceraient cette suppression. Rien n'est contagieux comme l'exemple. Un fait est plus persuasif que tous les discours. N'avons-nous pas vu Lyon, par une délibération ferme en date du 20 mars dernier, donner cet exemple ? Le maire de Saint-Étienne n'a-t-il pas proposé aussi le remplacement de l'octroi par une taxe sur la valeur vénale de la propriété ? La municipalité de Toulouse n'a-t-elle pas présenté, le 14 novembre 1888, un projet de suppression des octrois ? de même celle d'Alençon, etc.

Alors vient la troisième objection : — « Votre proposition de loi est inutile, car les conseils municipaux peuvent supprimer leurs octrois. » Non, car ils se heurtent à la difficulté signalée par la réponse que M. Floquet, président du conseil, ministre de l'intérieur, a faite, à la délibération du conseil municipal de Lyon, dans une lettre en date du 14 avril 1888 : « Les nouvelles taxes proposées n'étant pas conformes au système général d'impôts consacré par la législation actuelle, la délibération susmentionnée n'est pas susceptible d'être approuvée quant à présent. »

Enfin on nous demande : « Pourquoi ne prenez-vous pas le système belge ? »

XVII

LE SYSTÈME BELGE

On sait en quoi il consiste : 78 communes, sur 2.538, ayant une population totale de 4,623,089 habitants, étaient soumises aux droits d'octroi dont le produit net s'élevait à 11,250,000 fr.; les frais de perception étaient évalués à 13 fr. 33 %.

On a pourvu au remplacement des octrois en attribuant aux communes :

1º Une part de 40 % dans le produit brut de toute nature des postes;

2° De 75 % dans le produit du droit d'entrée sur le café ;

3° En augmentant de 34 % les droits d'accise sur les vins et eaux-de-vie indigènes, sur les bières, les vinaigres et les sucres.

Les droits d'accise avaient produit, en 1859, 23,504,474 fr.; et 34 % d'augmentation présumés formaient une somme de 12,108,365 fr., ou 50 % d'augmentation sur les taxes précédemment établies.

Le système belge revient à faire aux 1518 communes qui ont des octrois, un cadeau au détriment du reste des contribuables français, pour les récompenser d'avoir adopté pendant un temps plus ou moins long un détestable régime fiscal.

Mais beaucoup de membres éminents de la Chambre des représentants avaient réclamé le système que nous proposons.

M. Piercot, ministre de l'intérieur belge, avait dit, longtemps avant l'abolition des octrois, « qu'il convient de laisser aux communes à octroi l'initiative des mesures à prendre ». Dans la discussion, M. Vermeire répète : « On aurait dû laisser aux communes le soin de proposer les voies et moyens pour remplacer les octrois, tout en leur facilitant cette transformation ».

« Il faut supprimer les octrois, disait M. Suoy, et laisser à ceux qui les ont rayés le soin d'en payer l'équivalent ». « Chaque commune, disait M. Notalteirs, doit trouver en elle-même des ressources pour les remplacer. » Telle était l'opinion aussi de M. de Brouckère, mort au moment où il préparait cette réforme : il prévenait les communes qu'elles devraient remplacer leurs octrois par des taxes directes.

XVIII

La proposition de loi déposée par MM. Yves Guyot et ses collègues, reproduction à peu près de la proposition de loi de M. Menier, était ainsi conçue :

PROPOSITION DE LOI

ARTICLE PREMIER. — Les conseils municipaux des communes soumises à l'octroi sont autorisés à remplacer leurs octrois par des taxes directes.

Art. 2. — Ils pourront eux-mêmes déterminer l'assiette de ces taxes.

Art. 3. — Si ces taxes sont proportionnelles, la délibération qui les aura établies deviendra exécutoire un mois après le dépôt qui aura été fait à la préfecture ou à la sous-préfecture.

Si ces taxes sont progressives, il sera statué par une loi sur le taux de la progression.

Art. 4. — Les communes pourront, à l'aide de centimes additionnels, ajoutés au principal de leurs taxes locales, se rédimer envers le Trésor des taxes perçues pour son compte à l'entrée des villes.

Le ministre de l'intérieur a demandé d'ajouter quelques garanties à celles demandées par M. Menier et par moi. La commission, à l'unanimité, les a acceptées. Les voici : les taxes 'de remplacement devront être générales, spéciales, réelles et proportionnelles.

Générales. — C'est-à-dire qu'elles ne devront pas prendre une exception, choisir un contribuable ou quelques contribuables pour leur faire supporter tout le poids de la taxe, essayer, par exemple, de faire payer à un industriel ou quelque industriel établi sur le territoire d'une commune, le montant total de la taxe.

Spéciales. — C'est-à-dire qu'elles ne devront atteindre que des propriétés ou des revenus établis dans la commune. Un conseil municipal ne pourrait pas demander, par exemple, à Paris, à un contribuable de payer sur un revenu qu'il retirerait d'une usine située à Saint-Denis.

Réelles. — C'est-à-dire que les taxes ne devront pas viser la personne, mais des objets, des choses; si elles sont appliquées sur des revenus, ces revenus devront être déterminés par des signes apparents, comme le taux du loyer. Cette précaution a pour but d'empêcher toute inquisition. Elle est conforme à cette règle fiscale : que l'impôt doit être perçu sur la chose, jamais sur la personne. — (V. Menier, *Impôt sur le capital,* livre III, ch. ii.)

Proportionnelles et non progressives. — La proportionnalité est un rapport mathématique : la progression un rapport de convention. En prenant cette précaution, on veut empêcher que l'impôt ne devienne jamais un instrument de spoliation ou de confiscation.

Dans la proposition de loi primitive, la délibération, en vertu de laquelle étaient établies les nouvelles taxes deva`t devenir exécutoire, un mois après le dépôt qui en avait été fai: à la préfecture ou à la sous-préfecture.

Le Ministre de l'Intérieur nous a demandé de remplacer la rédaction primitive par la rédaction que nous vous soumettons actuellement. Nous avons accepté afin d'éviter l'objection que nous portions atteinte à la loi sur l'organisation municipale du 5 avril 1884.

D'après ce nouveau texte, l'autorité administrative interviendra à l'égard des taxes directes de remplacement exactement comme en matiè re d'octroi ; c'est-à-dire dans les conditions et suivant les règles prévues par les articles 137, 138 et 139 de la loi du 5 avril 1884, qui continueront à être applicables dans toutes leurs dispositions, à l'exception bien entendu de celles qui n'auront plus d'objet, telles que les dispositions relatives :

Aux modifications aux règlements et aux périmètres d'octroi ;

A l'assujettissement d'objets non encore imposés au tarif local ;

A l'établissement ou au renouvellement d'une taxe non comprise dans le tarif général ;

A l'établissement de surtaxes sur les vins, cidres, poirés, hydromels et alcools, etc., etc.

Ainsi aucune innovation n'est apportée aux règles de compétence établies par la législation en matière municipale en matière d'octroi.

Ainsi l'établissement des taxes directes de remplacement votées par les conseils municipaux, de même que les règlements relatifs à leur perception, seront autorisés par des décrets du Président de la République, rendus en Conseil d'État, après avis du Conseil général ou de la Commission départementale dans l'intervalle des sessions.

Il en sera de même pour toute délibération portant : augmentation des taxes directes de plus d'un cinquième; renouvellement des taxes ainsi augmentées et prorogation pour plus de cinq ans des taxes primitives.

Même à l'égard de la suppression et de la diminution des taxes directes de remplacement, les pouvoirs municipaux ne seront pas étendus. Les taxes ne pourront être supprimées ou simplement diminuées, qu'avec l'assentiment de l'autorité préfectorale et après avis de l'assemblée départementale. C'est dire que l'article 138 de la loi du 5 avril 1884 reste entièrement en vigueur.

Enfin les délibérations municipales n'auront un caractère réglementaire que quand il s'agira de la prorogation et de l'augmentation des taxes directes pour une période de cinq ans, et sous la réserve qu'aucune de ces taxes ainsi maintenues ou modifiées n'excédera de plus d'un cinquième les taxes primitivement établies. C'est, comme on le voit, l'adaptation la plus rigoureuse aux taxes directes des règles tracées par l'article 139 de la loi municipale.

Nous ne nous dissimulons pas que ces précautions tutélaires sont de nature à ralentir l'initiative des communes et à la contrarier dans certains cas. L'intervention des Conseils généraux, assemblées complètement distinctes des Conseils municipaux par leur mode d'élection, par leur organisation, ne présente peut-être pas de garantie au point de vue progressiste. On peut craindre que le Conseil d'État ne soit disposé à apporter toutes sortes de difficultés aux tentatives fiscales des communes. Ce sont là des appréhensions que la pratique détruira, nous l'espérons. L'important est que le principe soit posé et que les communes sachent bien qu'elles peuvent prendre des délibérations utiles dont elles auront ensuite à poursuivre l'exécution. Si elle rencontre trop de difficultés, ce sera la preuve qu'il faudra apporter des modifications libérales au texte que nous vous proposons.

ARTICLE PREMIER.— Les communes auront le droit de remplacer leurs octrois par des taxes directes, dont elles pourront elles-mêmes déterminer l'assiette sous les conditions suivantes :

Ces taxes ne devront être établies que sur des propriétés ou objets situés ou des revenus en provenant ;

Elles devront s'appliquer à toutes les propriétés, objets ou revenus de même nature ;

Elles devront être assises sur des propriétés ou objets tangibles ou des signes apparents de richesse ;

Elles devront être proportionnelles.

ART. 2. — Les règles de compétence établies en matière de taxes d'octroi, par les articles 137, 138 et 139 de la loi du 5 avril 1889, sont et demeurent applicables, pour toutes les dispositions qui concernent leur objet, aux délibérations municipales relatives aux taxes directes en remplacement de l'octroi.

XIX

LES DROITS D'ENTRÉE

Nous ne nous sommes pas occupé des droits d'entrée dans ce projet, pour deux motifs. D'abord, nous espérons que la réforme des impôts sur les boissons, qui les abolit, sera réalisée assez tôt pour que cette question ait disparu lorsque la loi sera mise en pratique. Ensuite, la question des droits d'entrée n'est pas intimement liée avec celle des droits d'octroi, contrairement à ce qu'on dit souvent. L'article 24 de la loi de 1816 prescrit bien « à tout conducteur de boissons, avant de les introduire dans un lieu sujet aux droits d'entrée, d'en faire la déclaration au bureau, » mais il n'est pas dit : au bureau de l'octroi ; et l'article 25 complète : « Dans les lieux où il n'existera qu'un bureau central de perception, les conducteurs ne pourront décharger les voitures, ni introduire les boissons au domicile du destinataire, avant d'avoir rempli les obligations qui leur sont imposées par l'article précédent. » Rien dans cette même loi du 28 avril 1816 ne contraint les villes soumises aux droits d'entrée d'avoir un octroi. L'article 147 dit simplement : « Lorsque les revenus d'une commune seront insuffisants pour ses dépenses, il pourra y être établi, sur la demande du conseil municipal, un droit d'octroi sur les consommations. » L'octroi est donc facultatif et non obligatoire; et en fait, sur les 487 villes ayant une population agglomérée supérieure à 4,000 habitants, 45 n'ont pas d'octroi. En voici la liste :

Ardennes	Fumay.
Aube	Sainte-Savine.
Aude	Lezignan.
Cher	Mehun-sur-Yèvre.
—	Vierzon-Ville.
Doubs	Audincourt.
Gard	La Grand'Combe.
Hérault	Mèse.
Indre	Argenton.
Marne	Ay.
Meurthe-et-Moselle	Saint-Nicolas.
Meuse	Ligny-en-Barrois.
Nièvre	La Charité.

Nord... Sains.
— .... Avesnes-les-Aubert.
— .... Somain.
— .... Onnaing.
Oise.. Méru.
Rhône....................................... Calluire et Cuire.
— .... Oullins.
— .... Villeurbanne.
— .... Amplepuis.
Saône-et-Loire .... Chagny.
— .... Montceau-les-Mines.
— .... Montchanin-les-Mines.
Sarthe...................................... La Ferté-Bernard.
Seine....................................... Nanterre.
— .... Fontenay-sous-Bois.
Loire-Inférieure .... Sanvie.
— .... Graville-Saint-Honorine.
— .... Montivilliers.
— .... Bois-Guillaume.
— .... Darmetal.
— .... Deville.
Seine-et-Marne............................. Montereau-sous-Yonne.
Seine-et-Oise.............................. Essonnes.
— .... Neuilly-sur-Marne.
— .... Le Raincy.
Somme...................................... Corbie.
— .... Albert.
Gironde (canton de Bordeaux).......... Le Bouscat.
—   — .... Candérac.
—   — .... Valence.
—   — .... Bègles.

Nous espérons renverser la proportion d'ici quelques années voilà tout.

XX

L'OPINION ET LES OCTROIS

Cette question ne saurait donc empêcher la Chambre de voter le projet de loi dont nous venons d'exposer le caractère et la nécessité.

Les octrois sont un non-sens dans notre civilisation économique; cette survivance des péages du moyen âge semble une ironie à l'adresse des moyens de circulation que le génie scientifique et industriel a mis à notre disposition.

Les hommes les plus modérés en ont demandé l'abrogation. M. Louis Faucher la réclamait en 1847. Elle a été inscrite dans les programmes du parti républicain comme une de ses principales revendications.

En 1848, le Gouvernement provisoire en promettait l'abolition dans les termes suivants : « Le gouvernement s'engage à présenter à l'Assemblée nationale un budget dans lequel l'octroi sera supprimé. » Cette promesse, comme tant d'autres, ne fut pas réalisée.

Dans l'enquête sur les boissons, de 1849 à 1851, le commerce et les propriétaires vinicoles réclamèrent avec énergie la suppression des octrois.

Survint le 2 décembre 1851. Le 3 décembre 1851, les représentants restés libres, au nombre d'une soixantaine, réunis chez Michel, de Bourges, rendirent, sur la proposition de Victor Hugo, le décret suivant :

« Les représentants restés libres, décrètent :

« Les octrois sont abolis dans toute l'étendue du territoire de la République.

« Fait en séance de permanence, le 3 décembre 1851. »

Ce fut le testament politique des républicains de 1848. Mais il était trop tard. Il ne suffisait pas de supprimer les octrois pour triompher du coup d'État triomphant. Mais si la République de 1848 avait pu réaliser un certain nombre des réformes promises, peut-être eût-elle empêché le coup d'État.

L'Empire commença par le décret du 1er mars 1852 qui réduisait de moitié les droits d'entrée, et ordonnait que dans un délai de trois mois, à partir du 1er juin 53, toutes les taxes d'octroi fussent ramenées au taux des taxes d'entrées. Mais la loi du 22 juin 1854 autorisa les communes à les élever au double.

En 1867, dans l'*Enquête agricole*, les plus vives protestations s'élevèrent contre les octrois. C'est le paysan, en effet, qui fait l'avance de l'impôt. C'est lui qui est assujetti aux formalités et aux risques de la déclaration. Il apporte sa volaille au marché. Elle a payé le droit. Il est obligé de la vendre à tout prix pour ne pas le perdre.

De plus l'octroi, limitant le rayon d'approvisionnement des villes, réduisant leur pouvoir de consommation, rétrécit, s'il ne ferme, le débouché des produits agricoles.

Une des premières manifestations du parti libéral républicain, lorsqu'il recouvra la voix sous l'Empire, fut de demander la suppression des octrois. Tous les ans, à partir de 1863, des pétitions au Sénat, des projets ou des amendements à la Chambre des députés, agitèrent la question.

La commission supérieure de l'*Enquête agricole* n'osa se prononcer pour une mesure aussi radicale que la suppression ; la majorité demanda des atténuations, mais la minorité protesta énergiquement.

M. Guillaumin lui fit observer « qu'elle oubliait de consulter les vœux de l'enquête (1) » ; M. André prononça le plus vif réquisitoire

---

(1) *Enquête agricole*, 1867. Tome 3, p. 410.

Commissions départementales :

Suppression pure et simple de l'octroi par trois commissions : Allier, Puy-de-Dôme, Tarn.

Suppression en ce qui concerne les produits agricoles : Seine-et-Marne.

Suppression et remplacement par un autre impôt : Cher.

Vœu en faveur de la suppression : Côtes-du-Nord.

Suppression ou réduction des droits, quatorze commissions : Aisne, Basses-Alpes, Ardèche, Ardennes, Aveyron, Bouches-du-Rhône, Corrèze, Dordogne, Lot, Mayenne, Meurthe, Orne, Haute-Savoie.

Amélioration dans l'impôt, quatorze commissions : Alpes-Maritimes, Côte-d'Or, Doubs, Eure-et-Loir, Finistère, Hérault, Loir-et-Cher, Nièvre, Nord, Pas-de-Calais, Saône-et-Loire, Seine, Seine-et-Oise, Var.

Octroi considéré comme obstacle à l'agriculture : Vaucluse.

En faveur de l'octroi, deux seules commissions : Cantal et Lozère.

Plus loin nous trouvons, dans le résumé synoptique de l'enquête agricole, que les rapports des présidents de l'enquête d'un certain nombre de ces départements, constatent :

Gard : Un grand nombre de déposants demande une réduction de droits d'octroi dans le but de faciliter le commerce des vins.

Gironde : La suppression des octrois est généralement demandée.

Landes : Réduction des octrois, surtout à Paris, et leur remplacement par le loyer des maisons.

Maine-et-Loire : Transmission d'un vœu du comice agricole de Segré contre l'élévation des droits d'octroi.

Haute-Marne : La majorité des déposants demande une réduction des droits d'octroi de Paris sur les produits forestiers.

Haut-Rhin : La chambre consultative de Colmar demande la suppression des octrois.

contre les octrois ; M. le comte de Butenval ne demandait que la neutralité du gouvernement pour que la réforme prît place dans l'ordre des faits. M. Migneret, conseiller d'État, dans son rapport fait au nom de la majorité, produisait enfin un des arguments en faveur de la réforme, de la manière suivante (*Enq. agricol.*, n° 3, p. 367) : « Elle continuerait de figurer au nombre des réformes qu'on promettrait aux populations pour les éloigner d'un gouvernement qui les refuserait, et il est prudent de céder à cette pression de l'opinion. » Ce que disait M. Migneret pour le gouvernement impérial est vrai pour tous les gouvernements. La revendication des réformes justes est un moyen d'opposition : et ce moyen ne peut être supprimé que par leur réalisation.

M. Michel Chevalier disait, de son côté, il y a vingt ans (1) : « La suppression des octrois est une pensée qui reste suspendue dans les airs, à une certaine distance de la terre, mais qu'un jour à venir le courant des événements pourra et devra placer à la portée d'un gouvernement jaloux de laisser de son passage une trace lumineuse. »

La Belgique a aboli ses octrois en 1860 ; la Hollande, en 1865 ; l'Espagne, en 1869. Il n'y a pas d'octroi en Angleterre, en Danemarck, en Suède, pas même en Turquie. L'Allemagne, qui les avait abolis dès 1820, dans les provinces rhénanes, a continué de les supprimer. En 1874, cet impôt a disparu de Berlin, un journal racontait dernièrement l'explosion d'enthousiasme qui accueillit cette mesure (2). « Les gens de Berlin n'attendirent point que le mur d'enceinte fût démoli ; ils arrivèrent armés de pioches, et pratiquèrent aussitôt de nombreuses brèches dans la vieille muraille chinoise. » La suppression de l'octroi à Paris, en 1791, avait été accueillie de même : des mais furent plantés pour rappeler cette date ; le canon du Pont-Neuf et le canon des Invalides furent tirés pour annoncer la chute des barrières ; des illuminations éclairèrent des danses qui s'organisèrent dans les rues, au son des musiques les plus gaies !

Seine-Inférieure : Les déposants demandent la suppression ou la réduction de l'octroi.

Somme : De même.

Restent 21 départements indifférents.

(1) Introduction aux rapports des jurys de l'exposition de Londres.

(2) *Figaro* du 16 octobre 1888.

Et en l'an 1888, les octrois existent encore en France. Des peuples qui ont moins de prétentions que nous à marcher à la tête de la civilisation, les ont abolis. Nous, nous continuons à discuter et à nous poser cette question: « Par quoi les remplacer? » Nous n'avons pas le courage de répondre, comme M. de Naeyer, le chef de l'opposition cléricale belge qui appuya le gouvernement libéral pour la suppression des octrois : — « A l'impossibilité de trouver mieux, l'impossibilité de trouver pis! »

Dans la proposition que nous venons d'exposer, le gouvernement met les conseils municipaux en mesure d'étudier au point de vue pratique et de choisir le meilleur mode de remplacement des octrois. Que la loi soit votée : et nous sommes convaincus que les octrois ne résisteront pas longtemps à la poussée de l'opinion publique contre cet impôt vexatoire, progressif à rebours, et obstacle permanent à la liberté de la circulation.

PROPOSITION DE LOI

ARTICLE PREMIER. — Les communes auront le droit de remplacer leurs octrois par des taxes directes, dont elles pourront elles-mêmes déterminer l'assiette sous les conditions suivantes :

Ces taxes ne devront être prélevées que sur des propriétés ou objets situés dans la commune ou des revenus en provenant ;

Elles devront s'appliquer à toutes les propriétés, objets ou revenus de même nature ;

Elles devront être assises sur des propriétés ou objets tangibles ou des signes apparents de richesse ;

Elles devront être proportionnelles.

ART. 2. — Les règles de compétence établies en matière de taxes d'octroi, par les articles 137, 138 et 139 de la loi du 5 avril 1884 restent applicables, dans toutes les dispositions qui conservent leur objet, aux délibérations municipales établissant des taxes directes en remplacement de l'octroi.

ANNEXE

DES MOYENS DE REMPLACER L'OCTROI

Les municipalités ont la faculté de remplacer l'octroi par des taxes directes dont elles déterminent elles-mêmes l'assiette sous les garanties que nous avons indiquées. Voici les conseils municipaux qui sont appelés à prendre l'initiative de cette réforme. Beaucoup de leurs membres ont été élus comme partisans de la suppression des octrois. Le moment de la réalisation des promesses est venu. Comment vont-ils faire face à cette échéance ? quel système vont-ils employer pour supprimer les octrois ?

Pour répondre à ces questions, la commission a autorisé le rapporteur à publier, sous sa responsabilité personnelle, l'exposé du système suivant.

C'est ce que nous allons examiner rapidement.

I

PRINCIPES DES TAXES DE REMPLACEMENT

Nous rappelons d'abord les termes de la loi.

Les taxes devront être générales, c'est-à-dire s'appliquer à un ensemble de propriétés ou de revenus susceptibles d'être imposés.

Elles devront être spéciales, c'est-à-dire frapper des propriétés ou des revenus établis dans la commune.

Elles devront être réelles, c'est-à-dire reposer sur des objets tangibles ou sur des revenus déterminés d'après les signes apparents, sans inquisition personnelle.

Elles devront être proportionnelles et non progressives.

A ces principes établis par le projet de loi, il y a d'autres règles fiscales auxquelles l'impôt doit se conformer.

Il ne doit entraver ni la circulation, ni la liberté du travail. Mais nous rappelons les règles formulées par Adam Smith qui sont restées incontestables.

L'impôt doit être défini et non arbitraire.

L'époque du payement, le mode du payement, la somme à payer doivent être déterminés avec soin et d'une manière intelligible pour le contribuable et pour tout le monde.

L'impôt doit être levé à l'époque et de la manière qui conviennent le mieux au contribuable.

Tout impôt doit être combiné de manière qu'il fasse sortir des mains des contribuables le moins d'argent possible, en dehors de ce qui rentre dans les caisses publiques.

La forme de l'impôt doit enfin être la plus simple possible.

C'est cette dernière règle qu'il est peut-être le plus difficile d'appliquer. On sait que l'homme commence toujours par le compliqué et qu'il n'arrive qu'en dernier lieu à la chose la plus simple, celle qui donne le maximum d'effet utile avec le minimum d'efforts.

Il en est pour les taxes municipales comme pour les autres choses ; et il est probable que les premières tentatives de remplacer l'octroi seront empreintes de complications qui iront en diminuant.

II

LES SYSTÈMES ÉTRANGERS

Avec notre régime de centralisation, si nous voulons rechercher des expériences, nous sommes obligés d'aller à l'étranger.

BELGIQUE. — « Nous avons exposé le système belge, mais M. Charles de Brouckère, que la mort frappa au moment où il préparait le projet de loi, avait, disait son successeur M. Anspach (1), l'intention de décréter des taxes directes nouvelles. Le jour où les barrières intérieures seraient tombées, il pensait avec raison que, sous l'impression du progrès qui s'accomplissait, une semblable proposition n'eût pas rencontré un seul opposant dans le sein du Conseil communal et aurait été sanctionnée par l'assentiment unanime de la population.

____

(1) Lettre du 28 avril 1869.

« Et à vrai dire, tous les organes de la presse, tous les meetings qui se sont occupés de la question, — et ils étaient nombreux, — ont déclaré que l'établissement des taxes directes devrait compenser, pour les villes à octroi, le déficit qui devait se produire. »

Les taxes d'État ne suffisant pas pour remplacer complètement les octrois, M. Anspach continuait :

« Devenu, à mon tour, bourgmestre, et reprenant la pensée de M. de Brouckère, je proposai au Conseil communal l'établissement de taxes directes pour un impôt d'environ 1 million, et comme l'avait prévu l'honorable magistrat, il n'y eut dans le Conseil communal, comme dans la population, aucune opposition à l'établissement des taxes nouvelles. »

Et, en 1869, il constatait l'heureux effet de la suppression des octrois, accomplie depuis 1850, par la phrase suivante :

« D'ailleurs, l'augmentation de la valeur foncière dans notre ville est tellement considérable, que tous les nouveaux impôts pourront être obtenus de la population. »

En 1864, fut établie une taxe sur les constructions et reconstructions qui a pour base le cube des parties bâties et la situation de la propriété. La ville est divisée en dix classes pour la fixation de la taxe. Les dépendances paient le quart de la taxe.

Hollande. — En Hollande, la loi du 7 juillet 1865 fit aux 931 communes à octroi abandon des 4/5° du produit de la contribution personnelle, les administrations municipales augmentèrent le nombre de centimes additionnels aux contributions directes établies ou imposèrent le revenu, tantôt probable, tantôt déterminé par divers moyens.

A Amsterdam, jusqu'en 1877, la taxe était basée d'après la valeur locative des propriétés occupées par les contribuables, d'après la valeur du mobilier, le nombre des domestiques et ouvriers, les chevaux et le nombre des personnes composant le ménage. La taxe fut d'abord de 5, puis de 8 % du revenu établi sur ces bases.

Depuis le 24 avril 1877, le revenu est établi par déclaration faite ou renouvelée sous la foi du serment ou d'une déclaration compatible avec les convictions religieuses.

Elle fixe irrévocablement le revenu imposable.

Suisse. — On sait qu'en Suisse la législation fiscale diffère selon les cantons. A Berne, l'impôt frappe le capital et le revenu.

Il en est de même à Neufchâtel, depuis la loi du 18 octobre 1878

L'impôt sur la fortune atteint les immeubles et les meubles proportionnellement à leur valeur vénale; l'impôt sur le revenu frappe le revenu net des immeubles situés hors du canton, celui de tout commerce, industries, exploitations agricoles, déduction faite de l'intérêt à 5 % des capitaux qui y sont engagés et sont soumis à l'impôt sur la fortune; il frappe également le montant de tous les salaires, traitements et pensions viagères.

L'article 9 de la loi exonère un minimum de revenu de 600 francs pour le chef de famille et de 200 francs par enfant.

Depuis 1848, date de son affranchissement de la domination prussienne, le canton de Neufchâtel ne connaît que l'impôt direct.

Danemark. — A Copenhague, les impôts communaux se divisent en contributions foncières et en impôts personnels.

La contribution foncière établie en 1756 était imposée sur tous les terrains situés au dedans des remparts de la ville; en faisant l'arpentage, on avait distingué entre la partie du terrain bordant la rue jusqu'à la profondeur de 20 aunes (12,554ᵐ) qu'on appela « terrain de rue », et le « terrain intérieur » qui ne compte que pour 1/8 de son étendue réelle. On fit ensuite l'évaluation sur une échelle s'élevant de 22 centimes à 3,70 l'aune carrée, selon la situation plus ou moins favorable du terrain.

En 1802, on fit un mesurage de tous les bâtiments en Danemarck. Une contribution fut établie au profit de l'État, d'après le nombre des aunes carrées que comprenaient tous les étages; la loi du 10 février 1871 réunit les deux contributions sous le nom commun « d'impôt sur les superficies », en établissant une taxe plus élevée pour les avant-corps et moins élevée pour les pavillons et les arrière-corps.

L'impôt personnel est établi sur le revenu net consistant en argent ou en valeurs de toute espèce, provenant de traitements, de biens-fonds ou de l'industrie.

La déclaration du revenu est faite devant une Commission, dont chaque membre s'engage, sous serment, à garder le secret, et qui n'a aucun moyen direct d'en vérifier la sincérité.

Allemagne. — Dans les duchés de Saxe-Gotha, de Saxe-Cobourg, en Bavière, les impôts communaux sont presque entièrement perçus sous la forme de centimes additionnels aux contributions directes.

L'organisation des impôts communaux de certaines villes d'Allemagne, si compliquée qu'elle soit, mérite l'attention.

A Leipzig, les octrois ont été supprimés en 1858 : les dépenses non couvertes par les revenus communaux constituent ce qu'on appelle le déficit du budget. Les réformes nécessaires pour le combler sont demandées : 1º à un impôt foncier communal de 2 pour 1,000 établi, depuis le 17 janvier 1879, sur tous les biens-fonds situés dans les limites de la commune et leur dépendance, d'après leur valeur, obtenue en multipliant par 15 le revenu moyen des trois dernières années, ce qui le suppose à 6,70 pour 100 ; 2º à une taxe sur la transmission à titre onéreux des biens-fonds de 0,6 % de la valeur et de 0,1 en cas d'héritage ; 3º à un impôt sur le revenu, perçu par classe, à peu près d'après la base de l'impôt de l'État, mais qui cependant n'est pas une simple surtaxe venant s'y ajouter.

La valeur des immeubles ou terrains ou dépendances non loués par le propriétaire est estimée par la commission de l'impôt. Après estimation et fixation de la valeur de la propriété, le résultat est communiqué aux intéressés par des cartes d'estimation.

La Commission communale de l'impôt se compose de quatre membres de ce conseil, de six fonctionnaires de la ville et de six autres bourgeois éligibles nommés pour un an. Tous les trois ans a lieu une nouvelle estimation valable pour les trois années suivantes.

A Berlin, l'impôt sur les maisons et biens-fonds est établi sur le revenu. Sont compris dans les dépendances des biens-fonds soumis à l'impôt tous les espaces, cours, jardins, sans distinguer si ces derniers sont de rapport ou d'agrément. Il est de 3 1/5 du revenu.

L'impôt sur les loyers est une taxe personnelle qui atteint toutes les personnes indépendantes ayant un domicile propre dans la ville ; il n'y a pas de différence entre les taxes d'industrie, d'habitation ou d'agrément Il est de 6 2/3 du revenu de location.

Un délai d'un mois est donné pour les réclamations.

Il y a, en outre, un impôt sur le revenu qui, à Berlin, n'est qu'une surtaxe ajoutée à l'impôt d'État.

A Francfort, l'impôt sur les habitations et loyers est une taxe personnelle progressive ; pour les locaux d'industrie, le taux est fixé uniformément à 2 %.

Il y a, en outre, une taxe sur la transcription des immeubles dite « droit de garantie », et un impôt sur le revenu qui atteint toutes les personnes dont le revenu dépasse 900 marks (1)

Angleterre. — Nous avons exposé dans la proposition de loi le système des impôts locaux en Angleterre. Voici la copie d'une feuille de contribution qui en indique nettement le caractère.

N° 756   Numéro de la contribution :

Reçu :

Paroisse de St-Luke-Chelsea.

10 janvier 1884.

<table>
<tr><td></td><td>L.</td><td>Sh.</td><td>C.</td></tr>
</table>

Reçu de M. X...
la somme ci-dessous pour la taxe des pauvres de ladite paroisse.

Taux établi le 23 septembre 1883   4   13   4

X..., collecteur.

Et aussi les taxes ci-dessous mentionnées aux taux suivants :

General rate (taxe générale) pour pavage, éclairage, eaux, nettoyage, améliorations, enlèvement des ordures, etc., et pour pourvoir pour la somme de 7,000 livres, requise par le *School-Board* (bureau de l'enseignement) de Londres, à 1 sh. 2 d. par livre.........................

Sewers rate (taxe des égoûts), à 1 denier par livre pour solder les dépenses de la vestry de cette paroisse pour la construction, l'entretien et nettoyage, etc., des égoûts situés dans ladite vestry ou autres choses se rapportant aux égoûts...... ....

}   5   5   .

A reporter.....................   9   18   4

---

(1) *Voir les Annexes* du rapport de M. Guilleton, maire de Lyon, sur la *Suppression des octrois.*

	L.	Sh.	C.
Report........	9	18	4

Taxe de trois deniers par livre pour le paie-
ment de la moitié du total requis par le *Metro-
politan board of works*, pour les dépenses suivantes, c'est-à-dire :

	L.	Sh.	C.
Principal égoût. — Intérêt.................	1.857	0	4
Pompiers. — Dépenses courantes............	1.513	11	8
Dépenses pour le pont.....................	1.624	16	9
Autres dépenses...........................	7.917	15	2
Total...............	12.913	3	11

Signature du collecteur.

On voit que la taxe des pauvres, établie sous Élisabeth, comme
l'assurance de la propriété, est restée le type des taxes ; les autres
viennent s'y ajouter, mais reposent sur la même assiette. Cette
assiette est le revenu net des immeubles, obtenu, déduction faite du
coût probable des réparations, des travaux et autres dépenses indispensables pour maintenir l'immeuble en état. Cette évaluation est
soumise à de fréquentes révisions.

ÉTATS-UNIS. — Aux États-Unis, les taxes municipales et de cantons sont assises pour la presque totalité sur le capital. Sur ces
taxes, on prélève 3 1/2 pour mille comme taxe d'État pour « d'autres objets. »

Pour tout l'ensemble des États-Unis, la valeur imposable du capital est de 16,902,993,543 et la valeur réelle de 43,642,000,000, soit
une différence de 38,78 0/0 (1), quoique les propriétés soient taxées à
leur pleine valeur.

Cette différence provient de la tendance qu'on a à évaluer presque toutes les propriétés au-dessus de leur valeur ; de l'exemption
de la taxe de grands propriétaires, commes maisons religieuses,
d'éducation et de charité; de la dissimulation de propriétés person-
nelles soumises à la taxe, hypothèques, obligations, actions,
bijoux, etc.

Cependant le principe est que toutes les terres et bâtiments, ap-
partenant à des particuliers ou à des corporations, occupés ou non,
servant au plaisir ou à la spéculation, sont imposés d'après leur

---

(1) *Census* de 1880. V. vir, p. 16.

pleine valeur. (Lettre de M. Davidwells à M. T. Potter ; octobre 1888.)

La *personal property*, ce que nous appelons le capital mobilier,
est de beaucoup inférieur au capital immobilier ; pour l'ensemble
des États-Unis, le premier ne compte que pour 22,87 et le second
77,13 0/0 (1).

Ces deux constatations sont utiles, afin de montrer d'abord que
l'impôt sur ce que l'on appelle le capital mobilier est d'une assiette
si difficile, qu'il constitue le plus souvent une prime à la fraude et
ensuite que ce capital, contrairement aux préjugés courants, n'est
guère que d'un cinquième par rapport à l'autre.

La facilité de la dissimulation de la *personal property* est prouvée
par ce fait que la valeur imposable de la propriété immobilière
(*real estates*) a suivi la progression suivante :

		Gain en dix ans 0/0
1860..........	6.973.006.049	
1870..........	9.914.780.825	42
1880..........	13.036.766.925	31

Tandis que celle de la *personal property* a décru de la manière
suivante :

1860..................	5.111.553.956
1870.......	5.264.205.907
1880..........	3.866.286.618

Cette diminution n'accuse pas seulement un progrès dans la dissimulation, mais aussi « dans la tendance progressive d'exempter
la *personal property*'de la taxe dans le but d'éviter les doubles ré-
percussions et d'inviter les capitalistes à se fixer » là où ils jouis-
sent de cette immunité. (Vol. VII, p. 10).

A New-York, la valeur imposable du capital immobilier représentait 918.134.980 dollars et celle du capital mobilier 175.934.654
dollars, ensemble 1.094.069.335 dollars, soit 5,688,000,000 francs (en
comptant le dollar à 5 fr. 20).

Le produit est de 28.326.000 dollars (146.777.000 francs), soit
2,58 0/0. Si on en déduit la part de l'Etat, reste 2,24 .0/0 ou 22,40
pour 1,000.

On trouve (vol. VII, p. 218) du *Census* de 1880 le tableau financier

---

(1) *Census* de 1880. V. vii, p. 17.

de toutes les villes au-dessus de 7.500 habitants situées dans les États-Unis.

Ces villes sont au nombre de 310, représentant une population de 11.607.654 habitants ayant une propriété immobilière de 5.435.400.423 et une propriété personnelle de 1.418.615.423, soit un total de 6.854.015.973 dollars et par tête une somme de 590 dollars.

Le taux pour 100 des taxes assises sur ce capital est de 0,23 pour l'État, 0,18 pour le comté et 1,76 pour la cité : total 2,17.

Pour les 32 villes de l'État de New-York il s'élève à 2.08, pour les 22 de l'Ohio à 2.21, pour les 4 du Kansas à 2.29, pour les 20 de l'État d'Iowa à 2.52. pour les 2 de l'État de Vermond à 2.58, pour celle de l'État de Mississipi à 2.70, pour les 23 de l'Illinois à 3.06.

Ce taux est énorme ; il donne 30,60 pour 1000 du capital : si le capital rapporte 5 0/0, soit 50 francs, l'impôt prélève donc les 3/5e du revenu.

Pour les autres villes, les taxes municipales représentent 17.60 pour 1000, ce qui fait un peu plus du tiers du revenu à 5 0/0. Les taxes d'État et de communes comprises, le taux est de 43 0/0.

Il ne faut pas oublier, d'après l'observation que nous avons faite en tête de cette note, que le capital imposé ne représente qu'un tiers du capital réel, qu'il faut, par conséquent, réduire la proportion de l'impôt des deux tiers relativement à la richesse réelle.

D'après ce calcul, les taxes locales des villes de l'Illinois ne représentent qu'un cinquième du revenu, soit 10 francs pour 50 et, en moyenne, celles des autres villes ne représentent qu'un cinquième, soit 5 francs 85, et en y comprenant les autres taxes, 7 fr. 23.

Le taux réel est donc très modéré, quoique le taux nominal paraisse d'abord aboutir à une sorte de confiscation. Si formidable qu'en soit l'apparence, les Américains ne se laissent pas effrayer par elle : ils gardent cette forme d'impôt et ne demandent point qu'on y substitue des octrois ou autres taxes indirectes.

C'est le système américain que nous proposons d'adopter pour le remplacement des octrois, comme le plus juste et le plus simple.

C'est celui que j'ai fait prévaloir dans la séance du Conseil municipal de Paris, le 8 juin 1880 ; c'est celui que M. Gailleton, maire de Lyon, a exposé dans son savant rapport sur la question des octrois et auquel il conclut également. C'est celui que vient de prendre également M. le Maire de Saint-Étienne.

III

CAPITAUX FIXES ET CAPITAUX CIRCULANTS

La base de l'impôt sur le capital, tel que l'a proposé M. Menier, est la distinction entre les capitaux fixes et les capitaux circulants. Voici l'observation sur laquelle elle est fondée.

Vous avez une maison : votre maison ne vous rapportera d'utilité, revenu de jouissance, si vous l'habitez, revenu en numéraire, si vous la louez, qu'à la condition de rester maison. Vous avez une machine : votre machine ne vous produira d'effet utile qu'à la condition de rester ce qu'elle est. Vous avez un meuble : votre meuble ne vous produit de l'utilité qu'à la condition de conserver sa forme.

Vous avez, au contraire, de la pierre à bâtir : votre pierre ne vous rendra d'effet utile qu'à la condition d'être incorporée dans un mur. Vous avez de la houille pour votre machine : elle ne vous rend d'effet utile qu'à la condition de se transformer en force motrice ; vous êtes marchand de meubles : vous avez, par conséquent, chez vous beaucoup plus de meubles qu'il ne vous est nécessaire pour votre usage personnel, ces meubles ne vous rendent d'effet utile qu'à la condition que vous les changiez en monnaie ou en valeurs, que vous transformerez à votre tour en matières premières, ou en marchandises destinées à votre consommation, ou en capitaux fixes.

Le capital fixe est toute utilité dont le produit ne change pas l'identité.

Le capital circulant est toute utilité dont le produit détruit l'identité.

Sont capitaux fixes : le sol, les mines, les constructions, les machines, les outillages, les navires, les voitures, les animaux servant à l'exploitation : les meubles et ustensiles : les objets d'art.

Sont capitaux circulants : les matières premières, les marchandises : la monnaie (1).

---

(1) Mais, me dit-on, et les actions et les obligations ? et les titres de rentes sur l'État, sur les communes ? dans quelle catégorie rangez-vous ces valeurs mobilières ?

— Ni dans l'une ni dans l'autre, pour cette raison qu'elles ne sont pas des capitaux.

Les actions ne sont que des signes représentatifs de capitaux fixes qui,

L'octroi est un impôt sur les matières premières et les marchandises. Tel est le caractère de toutes les contributions indirectes.

Nous croyons, nous, que l'avenir des impôts d'État comme des impôts municipaux est l'impôt sur le capital fixe.

Nous n'avons aucune raison pour dissimuler que nous considérons que l'expérience qui en sera faite pour la suppression des octrois sera assez décisive pour le faire remplacer progressivement tous les autres impôts. Nous avouons très nettement que tel est notre idéal dans l'avenir. En attendant, nous allons indiquer comment nous entendons procéder à l'expérience de la substitution de l'impôt sur le capital à l'octroi.

V

IMPÔT SUR LA PROPRIÉTÉ

Le capital fixe le plus important est la propriété immobilière.

Déjà, il y a plus d'un siècle, un homme qui n'était pas un révolutionnaire, mais qui était un réformateur, Turgot disait :

« La dépense commune des villes devrait être payée par les propriétaires du sol de ces villes, parce que ce sont eux qui en profitent véritablement. »

Cette doctrine, formulée par un Français, méconnue en France, est la doctrine appliquée aux États-Unis, et avec plus ou moins de complications, en Belgique, à Copenhague, dans certaines villes d'Allemagne et de la Suisse.

En Angleterre, dans un discours à la *Financial Reform association*, en 1859, John Bright disait :

« L'income-tax, les autres taxes locales (excepté la taxe sur

---

eux, produisent de l'utilité ; ce sont les fractions d'un titre de propriété. Si elles portent intérêt, elles ne produisent pas plus directement les intérêts, les profits que les titres d'une propriété personnelle enfermés dans un tiroir. Ce qui produit les intérêts et les profits, ce sont les capitaux dont elles constatent l'existence. Si celui qui les possède les prend pour des capitaux fixes, il est le jouet d'une illusion d'optique.

A plus forte raison en est-il de même pour les titres de rentes sur l'État, les obligations sur les communes et autres. Ces titres représentent pour leurs possesseurs une créance sur des capitaux fixes qui, chaque année, produisent la somme nécessaire pour en payer les intérêts. Un particulier peut les compter comme faisant partie de son capital fixe ; ici, encore, il confond le signe avec la chose, le morceau de papier avec la réalité.

les maisons), la taxe sur la marine, sur les assurances, doivent être rappelées et remplacées par une taxe de 8 shillings par 100 livres (un peu moins de 5 pour 1000) sur le *fixed capital*, le capital fixe. »

On sait que les baux sont très longs en Angleterre. Le propriétaire du sol se désintéresse de sa propriété. Il substitue à lui-même un locataire qui entretient la maison, et, souvent même, construit, à charge par lui de rendre la construction au propriétaire, à un moment donné.

Ce locataire paye la taxe. Or, Thorold Rogers considère que le poids de la taxe a une tendance à peser sur ceux qui doivent l'acquitter d'abord. Il constate que les améliorations faites dans les villes ont surtout pour résultat de donner une plus-value à la propriété et qu'il est juste, par conséquent, qu'elle en fasse l'avance, au moins pour trois objets : la voirie, les eaux et les égouts. Le 23 mars 1886, par 248 voix contre 178, la Chambre des Communes a adopté ce principe, en votant la motion suivante :

« La Chambre des Communes considère que le système actuel d'après lequel la première incidence tombe sur le locataire et non sur le propriétaire est injuste ; que les propriétaires, en équité, doivent au moins supporter la moitié de ces charges : que le propriétaire des *ground rents* (des revenus du sol) dans les villes ne supporte aucune des charges locales qui leur donnent cependant une plus-value. »

M. Sarrien, alors ministre de l'intérieur, dans la discussion relative à l'emprunt de la ville de Paris, constatait la nécessité d'augmenter la part de la propriété dans les taxes municipales : « Il me paraît juste de faire supporter à la propriété une partie de la charge des travaux. » Il disait ces mots, le 29 juin 1886, en réponse à des Sénateurs qui étaient pris d'effroi à propos des 20 centimes que le projet ajoutait à la contribution foncière ; et cependant, on leur prouvait que, quoique le revenu cadastral imposable se fût élevé de 112 millions qu'il était en 1862 à 494 millions en 1886, grâce en grande partie à ces améliorations dont nous parlions tout à l'heure, la contribution mobilière était plus élevée à Paris que la contribution foncière, et que la propriété y était moins imposée que dans les autres communes du département de la Seine.

De cette situation résultent des rivalités de quartier à quartier. Les quartiers de la périphérie se plaignent d'être sacrifiés au luxe des quartiers du centre, alors que chacun de leurs habitants paye autant à l'octroi que les habitants de la place de la. Bourse ou de la place de la Madeleine.

Dans le système que nous exposons, ce grief, juste aujourd'hui, disparaîtrait. Il suffit, pour s'en convaincre, de jeter un coup d'œil sur la carte de la valeur matricielle moyenne par quartier des loyers imposés, dressée par M. de Foville et publiée dans le *Bulletin de statistique et de législation comparée* (1). L'habitant de chaque quartier, payant d'après la valeur de la propriété de son quartier, admettrait que la proportionnalité des dépenses correspondît à la proportionnalité des recettes, ce qui n'a pas lieu aujourd'hui.

Dans lès agglomérations urbaines, la valeur de la propriété est due au milieu où elle se trouve, bien plus qu'aux soins du propriétaire. Il suffit qu'il sache conserver sa propriété, située dans un quartier où doivent s'exécuter des améliorations, pour qu'il bénéficie de la plus-value qu'elles lui rapporteront. Il ne se fait pas un travail de voirie, on n'ouvre pas une rue, on ne construit pas un égout, on ne fait pas une adduction d'eau, on ne place pas une ligne de tramway, on n'allume pas un réverbère en plus, sans que cette amélioration n'ait pour résultat une plus-value de la propriété foncière: aujourd'hui par l'octroi, ce sont les consommateurs les plus nombreux, donc les non-propriétaires qui font l'avance de l'impôt et, quand ils l'ont ainsi faite, le propriétaire se retourne vers ses locataires d'habitation ou locataires d'industrie et de commerce et leur dit : « Maintenant que vous avez fait l'avance de la plus-value de ma propriété comme contribuables, vous allez me la payer comme locataires ! »

Nous croyons, nous, que c'est le propriétaire qui doit faire l'avance de ces taxes.

V

REVENU OU VALEUR VÉNALE

Ce principe admis, l'impôt doit-il être établi d'après le revenu ou d'après la valeur vénale de la propriété immobilière ?

De 1876 à 1878, il y a eu une révision cadastrale à Paris. M. Cla-

---

(1) 1884, t° I, p. 572.

mageran a fait un rapport très remarquable au Conseil municipal sur cette question. Comment a-t-on procédé pour évaluer les revenus des maisons de Paris ? M. Clamageran le dit : « Le plus souvent on s'est servi de la valeur vénale pour arriver à l'évaluation des revenus. » Ainsi, comment évaluer le revenu des riches hôtels, des établissements religieux, des gares de chemins de fer? Dans le mémoire du préfet, on dit que les agents d'administration ont généralement pris pour base du revenu à fixer, la valeur locative du mètre superficiel dans le même quartier, en tenant compte de l'aménagement intérieur de l'établissement, et du plus ou moins de facilité que les propriétaires « avaient vraisemblablement à en tirer parti au moyen de locations... totales ou partielles...»

M. Clamageran se plaint que ces indications ne sont pas suffisamment claires et ajoute que les renseignements suivants seraient nécessaires : « Quelle est la règle suivie, quand on ne suit pas la règle générale ?

« 1º Le mètre superficiel de construction étant évalué, à quel taux calcule-t-on le revenu ? Est-ce sur le pied de 6 % comme pour les maisons d'habitation ordinaire, ou sur un pied inférieur ?

« 2º De combien diminue-t-on le revenu imposable par suite des difficultés présumées de location, et quels sont les cas dans lesquels on tient compte de ces difficultés ? »

Le président et trois membres de la Commission des contributions directes donnèrent à ce sujet les explications suivantes : on évalue à part chaque construction distincte, chaque étage, chaque appartement, et l'on fixe la valeur locative par analogie avec des constructions semblables ; on réunit ensuite ces évaluations partielles, et du total on déduit le quart, conformément à la loi, afin d'avoir le revenu net. Quand on ne trouve d'analogie ni dans l'ensemble ni dans les détails d'un établissement, comme pour les gares de chemins de fer, on évalue le prix de construction du mètre superficiel et l'on en déduit la valeur locative en calculant sur le pied d'un revenu de 5 %. On trouve donc plus facile d'estimer la valeur vénale que le revenu.

Cette évaluation de la valeur vénale, est-ce que nous ne la faisons pas tous les jours ? est-ce que chaque jour ne se vendent pas des terrains, des constructions, des maisons ? est-ce qu'elle n'a pas lieu chaque fois qu'il y a des expropriations? est-ce que la ville ne fait pas des évaluations chaque fois qu'elle fait un travail de voirie ?

M. de Parieu, dans son *Traité des impôts*, dit que « la valeur vénale des immeubles peut servir de mesure plus juste pour la répartition de l'impôt foncier que l'estimation des revenus. »

Sans doute, le revenu sert à établir cette valeur vénale ; mais il y a les hôtels habités par leurs propriétaires dont le revenu n'est pas constaté par un bail ; des parcs, des jardins qui n'ont que des revenus de jouissance et dont l'estimation est dérisoire. L'article 59 de la loi de frimaire an VII ordonne que ces terres soient cotisées au taux des meilleures terres labourables de la commune. S'il n'y a pas de terres labourables dans la commune, on doit prendre pour base d'appréciation les terres labourables de la commune la plus voisine. On comprend quel rapport peut avoir un jardin, situé aux Champs-Élysées, et un terrain labouré, situé à Nanterre ! Les éléments d'appréciation font donc défaut pour tous ces terrains, qui représentent cependant une immense valeur.

Alors l'administration des contributions directes a violé la loi et a pris une formule. Aux cinq cents premiers mètres, elle attribue une valeur locative de 0 fr. 10 par mètre, et aux autres mètres, une valeur locative de 0 fr. 024 par mètre, soit une valeur locative de 2 ou 3.000 francs par hectare à des terrains qui peuvent valoir 10 ou 15 millions ; il est évident qu'il n'y a aucune espèce de proportionnalité.

Et les terrains vagues, terrains de spéculation, ne doit-on pas tenir compte du revenu qu'ils accumulent pour l'avenir ?

En ne les frappant que d'un impôt dérisoire, ne donne-t-on pas une prime au propriétaire contre le locataire ? la loi de frimaire an VII n'aboutit-elle pas aussi à cette conséquence en exemptant de l'impôt foncier la maison non habitée ?

Ces inconvénients disparaissent avec une taxe établie sur la valeur vénale des propriétés, ainsi que les distinctions à l'aide desquelles on essaye d'arriver à leur revenu net.

Cette assiette de l'impôt sur la valeur vénale de la propriété fait aussi disparaître une injustice flagrante.

D'après les carnets des contrôleurs des contributions directes, les maisons ouvrières, ou destinées à de petits ménages, qui n'ont ni un grand luxe d'escaliers, ni un grand luxe extérieur, ni un grand luxe d'aménagement intérieur, sont capitalisées aux taux de 10 %

et payent beaucoup plus que les hôtels du Parc-Monceaux ou des Champs-Élysées, qui ont ce luxe dont sont dépourvues les autres constructions, et qui ne sont capitalisés, d'après l'administration dss contributions directes, qu'au taux de 2 1/2 .⁰/₀.

Certains réformateurs veulent ajouter à l'impôt sur les maisons l'impôt sur les loyers. Mais ce second impôt ne serait que la doublure du premier. La maison produit le loyer. Si vous frappez la maison, vous ne devez donc pas frapper le loyer, sous peine de frapper deux fois la même chose.

M. Gailleton, maire de Lyon, a parfaitement montré, dans son travail, l'intérêt qu'il y avait à frapper plutôt la propriété que le loyer.

Les cotes des propriétaires sont beaucoup moins nombreuses que les cotes des locataires.

Le locataire est mobile, le propriétaire est stable.

Dans les maisons de minime valeur, les taxes locatives sont irrécouvrables, et ce sont les maisons qui rapportent les plus gros revenus aux propriétaires.

L'impôt, dans ces conditions, ne sera susceptible d'aucun dégrèvement : car le propriétaire de maisons n'ayant que de petits loyers peut être fort riche.

Et au nom du principe de l'égalité devant l'impôt, il est important qu'il n'y ait pas de propriété privilégiée, exempte d'impôts, sous quelque prétexte que ce soit.

L'impôt est garanti par la propriété. La rentrée en sera donc facile et certaine.

En frappant directement le propriétaire, on lui permet d'opérer sa répartition de l'impôt comme il l'entend entre ses divers locataires ; et il vaut bien mieux que ce soit l'individu lui-même qui fasse sa répercussion, plutôt que l'État ou la commune ; si ce sont ces derniers qui l'opèrent, elle doit être soumise à des règles fixes qui ne se plient pas aux combinaisons variées dont peuvent être susceptibles les rapports d'individus à individus. Voici un propriétaire imposé à 3, 4, 5 pour 1000 : sa maison a cinq étages, il établit sa répercussion selon la demande qui lui est faite de ses appartements : il la fait porter plus ou moins sur le magasin ou sur le premier étage. Il vient de construire sa maison dans un quartier neuf, il sent la nécessité d'y attirer des habitants en faisant en partie l'avance de l'impôt, d'y installer un magasin qui est un attrait pour eux, un bénéfice assuré pour lui dans l'avenir ; il dit : « Je vais d'abord supporter l'impôt, quitte à me rattraper plus tard, soit par la revente de mon immeuble, soit par l'augmentation de mes loyers. » Cette élasticité est un des grands avantages de l'impôt sur le capital fixe. Comme ne cessait de le répéter M. Menier, au lieu d'essayer de saisir le revenu dans ses diverses manifestations, on doit le frapper à sa source.

Nous avons montré que tel était le système des États-Unis et d'un certain nombre de villes étrangères.

VI

RÉPERCUSSION DE L'IMPOT SUR LA PROPRIÉTÉ

— « Mais, disent certaines personnes, alors ce ne sera pas le propriétaire qui payera tout seul ? Vous ne pouvez pas et vous n'essayerez même pas de l'empêcher d'établir sa répercussion sur les locataires ? Ce sont ceux-ci qui payeront et, comme ils sont les plus nombreux, il n'y a rien de changé. »

Voilà l'objection dans toute sa force. L'étude des phénomènes de la répercussion de l'impôt nous démontrera si elle est fondée ou non.

D'abord la répercussion n'existe pas pour le propriétaire qui habite son propre immeuble, hôtel, maison ou appartement.

Cette observation faite, nous constatons que les recettes des droits d'octroi à Paris pendant les cinq dernières années ont été de :

1883	143.600,000
1884	139.900,000
1885	135.300.000
1886	135.400.000
1887	136.600.000

Soit une moyenne de 138.160.000 qu'il s'agit de remplacer.

Le nombre des habitants, population de fait, est de 2,260,000 ; chacun d'eux paye donc à l'octroi 61 fr.

Pour obtenir l'unité contributive en Hollande, on multiple le nombre des habitants par 5, en Angleterre par 4.70. En France les familles sont moins nombreuses, on multiplie généralement par 4 : le chef de famille, une femme, deux enfants : nous avons donc un chiffre $61 \times 4 = 244$ fr. pour chaque famille.

Quelle sera la taxe nécessaire sur la propriété pour compenser les produits de l'octroi ?

Un relevé des actes de vente passés à Paris pendant plusieurs années avait conduit M. Menier et moi, à estimer la valeur de la propriété bâtie et non bâtie à Paris à la somme de vingt milliards : je suis convaincu que le travail d'évaluation entrepris actuellement confirmera ce chiffre.

En attendant, nous allons nous servir d'un document communiqué à la commission qui, à la suite du vote de ma proposition du 8 juin 1880, fut nommée par le Conseil municipal pour rechercher la valeur vénale de la propriété à Paris. M. Tirard était alors ministre des finances. Par voie hiérarchique, elle s'adressa à lui. Il lui répondit par une fin de non-recevoir.

Le Conseil municipal ne se découragea pas, la Commission fut renommée ; elle a pour président M. Guichard, qui s'est attaché à cette étude avec le plus grand zèle et la plus grande persévérance, et enfin, le 11 novembre 1885, elle finit par recevoir une lettre de M. Sadi Carnot. M. Sadi Carnot, alors ministre des finances, n'a pas repoussé la demande du Conseil municipal ; il s'est borné à dire que les éléments d'appréciation rigoureuse lui manquaient ; cependant il a donné le chiffre de l'évaluation du revenu des immeubles à Paris au ministère des finances ; ce chiffre est de 750 millions.

Si on le capitalise à 5 %, nous arrivons à une valeur de 15 milliards. En outre, le ministre évalue les terrains non bâtis à 2 milliards ; nous arrivons à un chiffre de 17 milliards. Si nous prélevons sur le chiffre de 17 milliards, évaluation du ministre des finances, un droit de 5°°/₀₀ (cinq pour mille), nous obtenons une somme de 85 millions ; or, l'intérêt de 1.000 francs, calculé à 5%, est de 50 francs ; 5 francs d'impôt sur 50 francs de revenu équivalent 10 %. Un loyer de 300 fr., subirait une majoration de 30 francs. Actuellement, que payent à l'octroi ceux qui l'occupent ? Dans le calcul qui suit, nous ne prenons que la répercussion directe ; mais en faveur de notre thèse, et malheureusement pour les occupants de petits loyers, vous savez que l'alimentation prend une part d'autant plus considérable dans les budgets des ménages, qu'ils sont plus restreints. Par conséquent, l'octroi pèse d'autant plus lourdement sur eux. Nous croyons donc rester au-dessous de la vérité en développant la thèse suivante.

Faisons une première expérience de suppression des octrois en dégrévant les objets les plus nécessaires à la vie. En chiffres ronds les vins rapportent 45,500,000 francs ; les cidres 700,000 francs ; les bières, 3,900,000 francs ; les huiles, 4,400,000 francs ; les huiles minérales, 4,500,000 francs ; les viandes, bœuf, veau, mouton, 16,000,000 francs ; le porc et la charcuterie, 2,700,000 francs ; la houille, 8,800,000 francs. Voilà les objets indispensables à la vie qui rapportent environ à l'octroi 85 millions. Nous allons commencer par les dégréver. Quel sera l'effet produit ?

Un loyer de 300 francs par l'impôt sur la valeur vénale de l'immeuble à 5 °⁰/₀₀ serait majoré de 30 francs, mais actuellement, il est majoré par l'octroi de 244 francs. Or, il paye en moins à l'octroi 151 francs 60. Il ne lui reste à payer que 92 francs.

· Nous avons donc :

1ᵉʳ cas : octroi complet, 300 + 244 = 544 francs.

2ᵉ cas : octroi dégrévé au taux de 5 °⁰/₀₀, 300 + 30 + 92 = 422 fr. Bénéfice 122 francs.

Voici l'échelle des bénéfices pour chacun des loyers.

VILLE DE PARIS

Répercussion sur le locataire de la taxe sur la propriété destinée à remplacer l'octroi. — Taux de 5 pour mille.

Pour un loyer de	La taxe serait de	Total du surplus de l'octroi, 92.4, et de la taxe de remplacement	Octroi actuel par famille de 4 personnes	Bénéfice résultant de la taxe
200	20	112.4	244	plus 131.6
300	30	122.4	244	» 121.6
400	40	132.4	244	» 111,6
500	50	142.4	244	» 101.6
600	60	152.4	244	» 91.6
700	70	162.4	244	» 81-6
800	80	172.4	244	» 71.6
900	90	182.4	244	» 61.6
1.000	100	192.4	244	» 51.6
1.100	110	202.4	244	» 41,6
1.200	120	212.4	244	» 31.6
1.300	130	222.4	244	» 21.6
1.400	130	232.4	244	» 11.5
1.500	150	242.4	244	» 1.6
1.600	160	252.4	244	moins 8.4

Si nous faisons la même opération avec la taxe de 8 °°/oo, suffisante pour supprimer complètement l'octroi, nous obtenons les chiffres suivants.

VILLE DE PARIS

Répercussion sur le locataire de la taxe sur la propriété destinée à remplacer l'octroi. — Taxe de 8 pour mille

Pour un loyer de	La taxe serait de	L'octroi est, par famille de 4 personnes, de	Bénéfice résultant de la taxe	
200	32	244	plus	212
300	48	244	»	196
400	64	244	»	180
500	80	244	»	164
600	96	244	»	148
700	112	244	»	132
800	128	244	»	116
900	144	244	»	100
1.000	160	244	»	84
1.100	176	244	»	68
1.200	192	244	»	52
1.300	208	244	»	36
1.400	224	244	»	20
1.500	240	244	»	4
1.600	256	244	moins	12

On voit qu'il y a gain pour tous les loyers jusqu'à 1.500 francs.

Ce gain serait encore bien plus considérable que nous l'indiquons : car la répercussion de la taxe sur les terrains, sur les gares, sur les établissements industriels, ne se ferait pas sur les logements des habitants ; et les locaux consacrés à l'industrie sont au nombre de 346.000, représentant une valeur locative réelle au 1er janvier 1884 de 261.242.000 francs.

Les loyers consacrés à l'habitation étaient à la même date au nombre de 755.981, ayant une valeur locative de 395.074.513 francs.

Les deux réunis forment donc un total de 1.102.092 locaux, ayant une valeur locative de 656.316.881 francs, chiffre de 100 millions, inférieur à celui que donnait le ministre des finances dans sa lettre du 10 novembre 1885.

,D'après ce chiffre, la commission des contributions directes a donné le tableau suivant des loyers d'habitation par catégorie de valeurs locatives.

Loyers réels. — Situation au 1ᵉʳ janvier 1884

	Nombre	Valeur
De 1 à 499.	585.902	128.291.356
De 500 à 749..............	72.012	41.445.494
De 750 à 999..............	24.977	20.577.668
	682.991	190.314.518
	90.4 %	47.1 %
De 1.000 à 1.249...........	19.975	25.585.895
De 1.250 à 1.499..........	7.500	15.135.845
De 1.500 à 2.999..........	26.012	52.133.850
De 3.000 à 5.999..........	12.931	50.593.705
De 6.000 à 9.999..........	4.247	30.677.430
De 10.000 à 19.999..........	1.945	25.208.540
De 20.000 et au-dessus......	480	14.424.730
	73.090	213.759.995
	9.6 %	52.9 %

A première vue, quand on ne regarde que le nombre des loyers au-dessous de 1,000 francs, on est tenté de se dire :

— « Les petits loyers sont les plus nombreux et de beaucoup : ils sont dans la proportion de 90 4 %, tandis que les loyers au-dessus de 1,000 francs ne sont qu'au nombre de 9.6 %. Les tableaux qu'on nous a présentés tout à l'heure sont donc un trompe-l'œil. Il est évident que ce sont les petits loyers qui continueront à payer la plus grande partie de la taxe de remplacement de l'octroi. »

Mais il suffit de jeter un coup d'œil sur la valeur représentée par ces deux catégories de loyers pour s'apercevoir de cette erreur : tandis que les loyers au-dessous de 1000 fr. n'ont une valeur locative que de 190 millions de francs, ceux au-dessus de 1,000 fr. ont une valeur locative de 213 millions. En admettant que la répercussion se fasse directement du propriétaire sur le locataire, les 683 mille locataires au-dessous de 1000 francs ne payeront que 47 1 % de la taxe, tandis que les 73.000 occupants des locaux au-dessus de 1000 francs payeront 52.9 % de la taxe !

C'est le renversement de la proportion actuelle : car il est bien évident que l'octroi, impôt spécifique et non *ad valorem*, fait supporter presque tout son poids sur les 90.4 % occupants des locaux au-dessous de 1000 francs, tandis que les 9.6 % des occupants des locaux au-dessus de mille francs n'en payent qu'une part minime.

M. Gailleton, maire de Lyon, a pu faire ce même travail pour cette ville. Avec une taxe de 5 fr. 50 %, il supprime complètement les droits d'octroi.

La taxe étant de 5 fr. 50 %, sur le capital, correspondra à 5.50 pour 50 fr. de revenu, soit 11 % du loyer : donc, les loyers de 200 fr. paient 22 fr., au lieu de la somme unique de 124 fr. payée à l'octroi ; d'où un gain de 102 fr. pour le contribuable dont le loyer est de 200 fr. Voyons maintenant la répercussion pour les loyers de 3, 4, 5, 600 fr., de 1.000 fr. et au-dessus.

VILLE DE LYON

Répercussion sur le locataire de la taxe sur la propriété destinée à remplacer l'octroi

Pour un loyer de :	La taxe serait de :	L'octroi est par famille de 4 personnes, de :	Bénéfice résultant de la taxe :
200	22	124	plus 102
300	33	124	» 91
400	44	124	» 80
500	55	124	» 69
600	66	124	» 58
700	77	124	» 47
800	88	124	» 36
900	99	124	» 25
1.000	110	124	» 14
1.100	121	124	» 3
1.200	132	124	moins 8

L'application de cette taxe donne un bénéfice jusqu'aux loyers de 1.100 fr. Ce n'est qu'à partir de 1,200 fr. qu'il y a égalité ou perte ; perte, c'est-à-dire, tout simplement rétablissement de la proportion dans l'impôt !

Les titulaires des petits loyers, les pauvres, par conséquent, ont payé jusqu'à présent la plus grosse part des millions que représente l'octroi; les titulaires des gros loyers payeront, au contraire, en proportion de leurs ressources. Les plateaux de la balance oscillent. Celui qui était en bas s'allège et monte en haut; l'autre s'abaisse, surchargé de quoi? de la justice, méconnue jusqu'alors, qui exige que le contribuable paye d'après ses ressources, et non d'après ses besoins.

Oui, il est clair que les gens riches payeront davantage, mais doivent-ils s'en fâcher? Est-ce une raison pour eux de repousser cette réforme de l'impôt? Est-ce que la proportionnalité de l'impôt n'est pas une de ces règles de droit public qui se trouvent en tête de tous nos traités de droit administratif? Ne l'enseigne-t-on pas sur les bancs de l'École de droit? Ne répétons-nous pas, chaque jour, dans les chaires, à la tribune, partout, que l'impôt doit être proportionnel aux facultés du contribuable? Et cependant, comme la plus grande partie du budget est récupérée à l'aide d'impôts indirects, c'est la progression à rebours qui est la règle.

Et à vous, riches, nous disons : Jusqu'à présent, vous n'avez payé qu'une bien faible partie des droits d'octroi; vous payerez davantage. Cette perspective doit-elle vous frapper d'effroi? En dehors de la question de sentiment, en dehors de la question de justice, ne nous plaçant qu'au point de vue de la paix sociale, nous vous demandons si le meilleur moyen de supprimer les revendications iniques et insensées, n'est pas de donner satisfaction aux revendications justes?

Et puis, croyez-vous donc qu'un homme peut être riche dans un milieu pauvre? N'est-il pas de votre intérêt, par conséquent, de vous entourer de gens qui auront le plus de bien-être possible?

Aux propriétaires qui seront peut-être effrayés de voir peser tout d'un coup directement sur eux l'impôt, nous demandons s'ils ne payent pas d'une manière bien plus grave encore l'octroi. L'octroi! c'est un impôt qui semble fait pour empêcher les villes de se peupler. Ne frappe-t-il pas les matériaux depuis les fondations jusqu'au faîte? Il met une barrière à la porte des villes. Chaque employé d'octroi semble dire aux gens qui seraient tentés de la franchir : « Si vous venez habiter cette ville, vous serez obligés de partager le prix de votre vin, de votre viande, de votre combustible avec le fisc. Il s'installera sur votre table et rognera les portions de votre famille. » N'y a-t-il pas des gens qui reculent devant cette perspective et s'écartent de la ville?

Ce qui constitue la richesse du propriétaire, donne une plus-value à sa propriété, n'est-ce pas l'agglomération de plus en plus dense, de plus en plus considérable, des habitants du territoire où elle est située?

VII

LA TAXE SUR LES FOURRAGES

La taxe sur les fourrages pourrait n'être par reportée sur la propriété immobilière. Qui mange le fourrage? Les chevaux ou bestiaux qui se trouvent dans l'intérieur de la ville. Ils sont une des formes du capital fixe. N'est-il pas beaucoup plus simple de les faire payer, tant par tête, plutôt que de percevoir le droit qu'ils acquittent indirectement à l'entrée de chaque charrette de foin ou de chaque sac d'avoine dans la ville.

A Paris, les grandes entreprises de fourrages tendent à abandonner les fourrages assujettis à la taxe et à les remplacer par des denrées exemptes de droits. Avec la taxe établie par tête de cheval, elles ne peuvent échapper à l'impôt.

Le recensement des chevaux et mulets est fait chaque année pour les besoins de l'armée. La valeur de chacun des animaux est fixée pour les indemnités à donner en cas de réquisition. On pourrait donc établir une taxe proportionnelle sur les chevaux pour remplacer les droits sur les fourrages.

Dans les trois dernières années, ils ont rapporté à Paris :

1885..........................	4,682,000 francs.
1886..........................	4,810,000
1887..........................	4,950,000

Soit une moyenne de 4,820,000 francs.

Le nombre des chevaux étant de 97,000, c'est une moyenne de 40 fr. 80 par cheval. Parce qu'il paye cette somme incorporée dans le fourrage, chaque propriétaire de cheval est-il assez naïf pour se figurer qu'il ne paye rien?

Cette taxe devrait être déduite de la répercussion que nous avons établie tout à l'heure sur les loyers.

VIII

A titre d'indication, nous donnons le projet de délibération suivant qui indique de quelle manière, d'après ce système, un conseil municipal pourrait abolir successivement toutes les taxe d'octroi.

Le conseil délibère, etc.

ARTICLE PREMIER — Sont supprimés les droits sur les vins, sur les cidres, les bières, les alcools ; sur la viande, sur la viande de porc et la charcuterie, etc., sur les matériaux, sur les fourrages, etc.

ART. 2. — Les droits sur les vins, la viande, etc., sont remplacés par une taxe de x pour 1000 sur la valeur vénale de tous les terrains et bâtiments, consacrés à l'habitation ou à un usage industriel, situés sur le territoire de la commune.

ART. 3. — La taxe sera établie sur la valeur vénale de la propriété bâtie, déterminée par l'enquête faite en vertu de la loi du 8 juin 1885.

Il devra être procédé à une évaluation du terrain non bâti, par les soins des contrôleurs de l'administration des contributions directes, assistés des répartiteurs.

ART. 4. — Les droits sur les fourrages seront remplacés par une taxe sur les chevaux, mulets et bestiaux existant dans la commune.

Les chevaux et mulets seront divisés en quatre classes d'après les évaluations constatées au recensement.

La première sera taxée à la somme de........ x
La deuxième   —   —   x
La troisième   —   —   x
La quatrième   —   —   x

ART. 5. — Les réclamations en décharge ou réductions seront remises aux maires : elles seront présentées, instruites et jugées dans les formes et délais prescrits pour les autres contributions directes.

Les rôles seront arrêtés par le maire à la fin de l'année pour l'année suivante.

ART. 6. — Toutes les autres règles communes aux contributions directes sont applicables à ces taxes.

IX

Nous croyons que ce système sera le meilleur pour remplacer les taxes d'octroi. Adopté par le conseil municipal de Paris, le 8 juin 1880, repris cette année même par le conseil municipal de Lyon, il est conforme aux principes sur lesquels la commission de la Chambre des députés et le gouvernement se sont mis d'accord. Il a le grand avantage d'être simple, facile à établir et de représenter une rigoureuse proportionnalité. Il demande l'impôt aux ressources au lieu de le demander aux besoins.

TABLE DES MATIÈRES

Rapport sur la suppression des octrois

ANNEXE

Des moyens de remplacer l'octroi

Le Mans. — Typographie Edmond Monnoyer.